きものが着たくなったなら

山崎陽子

はじめに

私がきものを着始めたのは5年前、50代半ばのことでした。

それ以前、最後に着たのは高校の運動会で、それも友人の浴衣を借りたのを覚えています。成人式のために母が貯めていた振袖貯金は「私はきものなんて着ないから現金でちょうだい」と、運転免許を取るために使いました。

社会人になってからは、雑誌『オリーブ』や『アンアン』の編集者として仕事をしてきたせいか、洋服の流行には敏感だったし、おしゃれが好きで、それなりにお金も使ってきました。上質な素材、洗練されたデザイン、手の込んだディテール、心地よいシルエットの服のよさも知っているつもりです。けれど、年齢とともに服に対する情熱が少しずつ薄れてきました。40代がおしまいにさしかかったころでしょうか。要は、いまどきの洋服がどんどん似合わなくなってきたのです。

そんなとき、雑誌『エクラ』で、女優の鈴木保奈美さんのきもののページを担当することになり、季節ごとに何度か撮影とインタビューをさせてもらいました。その道のプロに教わりながら、着物や帯に触れ、原稿を書きました。「江戸小紋って何ですか?」と質問するド素人に、きっとみなさん呆れただろうと、思い返すたびに冷や汗が出ます。それが50代前半のこと。

次第にきもの好きな友人が周囲に増えたのも、年齢的に自然な流れでしょ

5

うか。空のコップに水がたまっていくように、きものへの興味や知識が徐々に蓄積されていきました。

そんな2012年の夏、モデルの黒田知永子さんと取材で訪ねた日本橋『竺仙』で素晴らしい浴衣と出合ったのです。社長さんのお話を伺い、その引き染めを見せてもらい、連れて帰ろうと決意。綿の浴衣と麻帯を購入し、下着と下駄を揃え、着付けを2回習ってその夏、8回着ました。

次のきっかけは2013年の暮れ。子どもが幼稚園児だったころから続く、母親友だち7人で集まる忘年会が、幹事の発案で「今年のドレスコードはきもの。せっかくだから写真館で記念写真を撮ってもらいましょう」ということになり、背格好が近い友人に一式借りて着付けてもらいました。淡い縞の紬に、白っぽい織り帯、グレーの羽織。そのとき、満更でもないなと思った私は、「自分用にこういうきものを持っておきたい」と考えたのです。

2014年1月末に初めて着物と帯、長襦袢、小物、足袋と草履が揃い、2月にはその呉服屋さんで催されていた着付けのレッスンに3回通いました。「3月のパリ・オペラ座バレエ団の公演に、自分で着て観に行く」と目標を定め、自宅でも着付けの復習をしました。紬の着物、更紗の帯、コートがわりに大きなストールを羽織って出かけた上野の東京文化会館。その日からきものにどっぷり浸かり、今に至っています。

きものは素晴らしい日本の衣服ですが、ネガティブな言葉も付きまといがち。私もずっとそう思っていたのだから、それは否定しようがありません。

着るのが面倒で着付けが苦しい、習うのにもお金がかかる、走れないし跨げない、手入れが大変だしクリーニング代も高い、そもそも呉服屋さんに入るのが怖い、高いものを売りつけられそう、着ていく場所がない、結局タンスの肥やしになる……。そういう不幸を防ぐためにも、やはり慎重であるべきだとも思います。でも、洋服では叶わない、思いがけないリターンが得られるのもきものなのです。

私はいまだに訪問着を持っていないし、袋帯も結べません。でも、きもの生活を謳歌できています。２０１４年に50日だった着用回数が、２０１８年には１５０日を超えました。王道の晴れ着は少なく、ほとんどがふだん着という細道ですが、そこから見える景色は愛おしい。飽きのこない滋味深さがあり、着るたびに喜びが感じられます。このまま気負わず長く付き合っていけたら、どんなに幸せでしょうか。

ハレの日、特別な日だけでなく、もっときものを日常に。

そんな人が一人でも増えますようにと願いを込めて。

もくじ

第二章 さあ、お出かけしよう

第三章

もっとラクに自由に楽しもう

カバー・P2、3写真
白地に藍の綿着物は、松原利男さんによる長板中形。巡り巡って私のところにやってきた。絽綴れの帯、日傘、かご、利休下駄で、夏の気楽なお出かけに。

第一章

場数を踏もう

私はキャリアが浅いわりに「着慣れてみえる」と言われます。まだ初心者マークが取れない1年目に、展示会でお会いした『きものやまと』の会長から「10年選手かと思ったよ」と驚かれたこともありました。

その当時の写真を見ると、着付けはヘタクソだし、小物の扱いも雑、立ち居振る舞いもなっていません。でも、そこにはよそよそしさがなく、「きものと仲良くしたい」という熱が満ち溢れていて、笑えるほどです。

きものというのは、着るたびに発見があります。着付けの反省もあれば、意外な取り合わせが成功することもあり、次はもっと上手に着たい、私らしく装いたいというモチベーションにつながります。すんなり着られる日もあれば、手こずる日もあり、一筋縄でいかないことも面白いなあと思えました。

結局、きものと仲良くなるには、数をこなすしかないと腹を括ったのです。

敬語ではなく、友達言葉でしゃべれるきものを選ぶ

例えばカットソーとジーンズ、シンプルなシャツやワンピース、そういう立ち位置のふだんきものをとことん着ることが、場数を踏む第一歩だと思います。パーティー用のドレスを週に1回着る人は別として、普通の生活をする人ならデイリーなきもので数こなすことがいちばん。グレー系、ブルー系、茶系などの汚れの目立ちにくい紬や小紋に、気軽な名古屋帯を合わせ、いつでも着られるようにしまいこまず準備しておきます。

お茶会に着て行きたいのでと、ファーストきものに色無地と袋帯を揃えた友人がいますが、「1回着ただけでしばらくは機会がなさそう」と、たんすの奥に眠らせることになってしまいました。時々しか着ないと、もう着ること自体が面倒になり、そのうち着方も忘れてしまいます。だから、できるだけふだん着的な紬や小紋でスタートするといいと思うのです。

そして、お出かけする日だけでなく、家で過ごす日も積極的に身につける。そうやって、できれば週に1回、3時間着るようにすると、きものが体に寄り添ってくるし、体がきものに慣れていきます。それまで敬語で話していたきものが、友達言葉でしゃべりかけてくるようになるのです。

お茶をいれたり、ソファに座ったりという動作、階段の上り下り、荷物の持ち方、トイレでの裾のさばき方も身につき、苦しくないひもの位置や自分

奄美大島の「前田紬工芸」で選んだ大島紬は、懐の深い着物。コプト文様の帯と蘇芳色の帯締めでお買い物。

風合いのよい古い木綿の単衣は、私が
３人目の持ち主。インドの木版更紗帯
を合わせて、家でくつろぐ。

の体型に合った帯の位置もだんだん体が覚えていくようになります。それを染み込ませるには、やはり週1回くらいのペースで着ることが理想。

お正月三が日をきもので過ごしたことがある鈴木保奈美さんは、「割烹着を着てごはんの支度もしたし、ソファに寝転がってテレビを見たりもしました。ずっと着ていることで、どんどん体がラクになり、きものに馴染んでいきました」と話してくれたことがあります。

着付けを習うときも、できれば集中的に通ったほうが身につきます。同じ3回なら、月1回よりは週1回、週1回より3日連続がいい。そして、できれば自分で着て行ってどこがダメなのかを先生に見てもらい、レッスンが終わったらきもののままで帰宅したいもの。そうすれば、費用は最小限に抑えられ、効果は最大限に得られます。ひとりで着られるようになるまでの時間は、短ければ短いほどいいのですから。

もう自分ではずいぶん着慣れたつもりでいても、2週間ほどあくと、着付けが流れるようにいきません。うっかり帯板を入れ忘れたりするのだから情けない。さらに体のほうもきもの着用時の感覚が薄れてしまうのか、しゃんとしません。そういう意味では、和服を着ることは、どこかスポーツや楽器の演奏に似ているのかもしれません。

1年を通して着ると、自分の軸が定まってくる

私の場合、最初に誂えた本塩沢の袷と、季節を選ばない唐花が型染めされた織りの名古屋帯で2月から着付けのレッスンを始め、着付けを覚えた3月からは月に3〜4回着るようにしました。そしてその間に、単衣のきものを探し、訳ありの大島紬を安く手に入れました。夏の薄物は、私が浴衣を着て出かけた会に同席した方が、「もしよかったら着て」とくださった小千谷縮。夏用の長襦袢も作りました。これでオールシーズン着られる、とホッとしたものです。

こんな風に、私の1年目は1年を通してきものを着続けることが目標でした。暦をしっかり守り、5月までは袷、6月は単衣、7月8月は薄物、9月は単衣、10月から袷と……。なんと真面目な1年生だったことか！　今や5月や10月に単衣を着ることもあります。

私の1年、袷と単衣と薄物はすべて織りの着物でスタートしました。なぜか日本各地で織られる伝統工芸の紬に心を奪われるのです。それらは「かたもの」と呼ばれます。一方、白生地に染めを施したものは「やわらかもの」と言われます。織りのきものはふだん着や街着、染めのきものははんなりとした生地で、フォーマルはこちらが主流となります。

きもの好きの知り合い見ていると、だいたいかたもの派かやわらかもの派

かで分かれるようです。それは趣味の世界に起因することもあるし、その人の持つ雰囲気やお仕事柄、ご家族の好みやお支度にもよるでしょう。いずれにしても、自分はきものの何が好きで、どんなものがしっくりくるのかを自覚するということは、とても大事な作業だと思います。きものの軸が定まらないと、結局、無理や無駄につながってしまうから。

そういうことも1年着続けることで少しずつわかってきます。季節ごとの楽しみ方、着付けのコツやお手入れが身につき、生活の一部としてきものが循環すると、きものは着る人の体と心に親密になじみ始めるのです。

2017年の初夏から2019年冬にかけて、インスタグラムに投稿したきもの写真の一部。モデルの美亜さんたちとは徳島藍のイベントで藍染めを着て。黒田知永子さんとは二人で小倉織の帯を締めた記念写真。デザイナーの大橋利枝子さん、ホームスパン作家の上杉浩子さんとは年に何回か、きものでごはんを食べに。

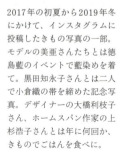

このページの写真はすべて、いただきものやリサイクル品を使った組み合わせ。昔着物とモダンな帯、新しい着物とアンティーク帯の取り合わせは、いちばん自分らしい着こなしかもしれない。

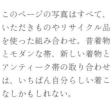

どこにでも着ていこう。ひとりでも着ていこう

よく「着ていく場所がないんです」「お友達はみんな洋服、そんなときにひとりきものだと浮いてしまうのがイヤで」「きれいなレストランならいいけれど、居酒屋レベルだともったいなくて」と言われます。そして、「どうすればいいですか？」と聞かれることも。

私は「どこにでも着ていきます、ひとりでも着ていきますよ」と答えています。でなければ、着る機会なんて滅多にありません。

着ていく場所がないのは、きものが似合う空間やイベントが少ないということでしょう。私は展覧会や美術展、映画館、デパートへおつかいに行くときにも着ます。地域のお祭り、初詣や大祓などのお参りにも行きます。何も和のイベントにこだわることもないと思います。家族と近所の焼き鳥屋さんに行くときにも、ささっと着て出かけて。気楽なふだんきものをおすすめするのは、そのほうが断然機会が増えるからです。

「ひとりだけきもの」問題についてですが、私は他の人が全員洋服でも着ていきます。カジュアルな飲み会、ちょっと気取ったレストラン、私以外は男の人の会食、仕事先の集まりなどケースはいろいろですが、その店の雰囲気、集まる人たちの装いの傾向などを考えて、色使いや素材感だけは浮かないように気をつけています。今や「年2回のきもの姿が楽しみで」とおっしゃっ

徳島の藍染糸で織られた久留米絣は、木綿着物の代表。トランプみたいな柄の古い更紗帯を合わせてカジュアルに。

衿があらかじめ縫い止められたバチ衿は、ふだん着にぴったり。格子の真綿紬で近所のごはん屋さんへ。

てもらえる仕事仲間の会合もあれば、恒例の忘年会でも「きもので来てね」と念を押されたりします。
浮く原因は着る人の振る舞いにもあるような気がします。妙に恥ずかしがったり、誰も聞いていないのにきもので来たことを言い訳したり、そういう態度がかえって「浮き」につながることも。私にもそういう時期がありました。「今日はこの後、きもののイベントがあって、こんな格好ですみません」などと、取材先でエクスキューズしていました。でも、先方に対して失礼になるどころか、むしろ「今日はいいものを見せていただけました」とおっしゃる方が多く、ありがたく感じました。
和装の日も、普通にしていればいいと思います。それが続けば、やがて「あれ、どうしたの？　珍しいね、洋服なんて」と言われるようになります。〝そういう人〟になってしまいましょう。
飲食の場についてですが、きれいなレストラン、ホテルのラウンジ、ラグジュアリーな雰囲気に似合う付け下げなどは、居酒屋には似合いません。でも逆はありです。紬や小紋なら庶民的な店からホテルのレストランまで幅広く対応してくれます。これが今の時代感覚なのでしょう。ジーンズとスニーカーで、ホテルに行ける時代なのですから。

きものを着ると、日本人なら誰でも3割増し

きものを着て出かけるようになって、びっくりしたことのひとつは、よく話しかけられるということです。

バスや電車に乗っていると、「あら、素敵。今日は何かのお稽古?」「私も昔はよく着たのよ。着られるうちにたくさん着てね」「夏のきものはいいものね、見てるだけで涼しくなるわ」などと、年上の女性たちに話しかけられます。時々、すれ違いざまに「素晴らしい」と男性に声をかけられることもあります。私のような普通の還暦女性が洋服を着ていても、誰も見向きもしませんが、和装になった途端にこれだけ反応があるのですから、その威力たるや恐ろしいほど。

話しかけられないまでも、やはり洋服ではあり得ないほどの視線を浴びることになります。なので、自意識過剰になることはないけれど、せめて背筋を伸ばして歩く、やや内股になるように足を運ぶ、腕がニョキっと出ないように気をつける、裾がめくり上がらないように車の乗り降り、階段の上り下りをするなど、きれいな立ち居振る舞いを心がけたいもの。とはいえ、そんなことを言われなくても、きものを着ると自然に所作や姿勢に注意を払うようになるものです。

よく「きものを着ていると3割増しできれいに見える」と言われますが、

綾織りの黒八丈に、故郷の小倉織の綿帯、「ドゥーブルメゾン」のベルベット羽織。大好きな冬のお出かけ着。

それもあながちウソではないと思います。欧米人に比べ、たいていの日本人は手足が短く、ちょっとO脚気味。すらっと伸びた美しいひざ下や二の腕の持ち主なら洋服をカッコよく着られるけれど、そんなモデル体型の人は滅多にいません。あまり表に出したくない足や腕をきれいな布が覆ってくれるのだから、どんなに心強いでしょう。

そして、腰の位置や体の重心も低めな日本人体型に帯がよく似合い、バランスをとってくれるのです。ストレートな黒髪に平面的な顔も、なぜかきものを着ると奥ゆかしく見えて。痩せていても太っていても、衿元の合わせ方、抜き方、帯の位置、お太鼓の大きさなどでその人の体型に似合うような着付けができて、お腹の出っ張りも目立ちません。スタイルが良ければより美しいし、ちょっと難ありの大抵の人にとっても、きものはカバー力のある衣服となりえます。

『銀座もとじ』の店主、泉二弘明さんが、「きものを着ていると人目のシャワーを浴びるでしょう? それが何より女性を美しく磨くんです。年齢が上がっても若さを保つことにつながるし、その人らしい艶が出る。すると自信がついて、いろんなことに積極的になれるんです。きものは最高の勝負服だし、人を磨く武器でもあると思う」とおっしゃっていました。

「3割増し」は、見かけだけのことではないのかもしれません。

私が愛読するきものの本の1冊、幸田文の『きもの帖』（青木玉・編、平凡社）に、「十代は親が着せます、二十代は若いからだが着ます、三十代は才覚がきます、四十代になると気性みたいなもので着て、土壇場のしのぎをつけることもできるのか、と思ったことでした。」とあります。その後、さらに年齢が上がると、「仕方がないからざっくり着ることになります。しかしうまくしたもので、これが一種の風格になります。窮屈でなさそう、自由自在、らくに寛いでいる、といった安定感をみる目に与えます。」と続きます。

若い体と若い肌があれば、何を着たって可愛い。安い洋服でもチャーミングに着こなせます。今の時代、皆さん若々しく、40代も「才覚」、いわゆるセンスのよい素敵な方がたくさんいらっしゃいます。では、その後はというと、少しずつ難しくなって「気性」、言い換えれば、個性や生き方でしのいでいかなければなりません。そういう年齢になって、きものというのは本当に心強い衣服だと思えるのです。ざっくり自由自在に着ても、それが「風格」になり、老いさえも味方につけてくれるとは。

きれいなおべべを着ることの「3割増し」から、人となりが風格としてにじみ出る「3割増し」まで、きものは女を底上げしてくれるのです。

和装は老けて見えるのではなく、年齢を超越する

「和装は老けて見える」という人もいます。確かに落ち着いた雰囲気を醸し出すので、「若見え」は難しいかもしれません。ただ、和装には洋服のときには気づけない、その人の本質的な魅力を引き出す力があるように思います。

洋服だと地味に見える人が、髪をふんわりと結い、明るい色目の着物をまとったとき、この人にこんな色っぽい表情があるなんて、とゾクッとしたことがありました。逆に、フェミニンな服が似合う可愛いらしい人が、紬をキリッと着たときの意志的な佇まいに、芯の強さを垣間見たこともあります。

私は50代になって体重が3キロ増え、肉のつき方も変化しました。どんなに頑張ったところで、少しずつおばあさん体型になっていくのは避けられません。そういう老化にも、きものはやさしく寄り添ってくれます。背の丸みも着付けの工夫でやわらかくカバーできる。白髪が増えたけれど、染める気にならないのも、きもののおかげかもしれません。

というのも、和装が板についた憧れの先輩方がいらっしゃるからです。そういう方を拝見していると、その人が何歳かなんてどうでもよくなってしまう。着姿からにじむお人柄だけが心に残るのです。何十年も着てこなれた紬を、ラクに体に添わせた年季の入った着こなしを目にすると、自分がまだまだひよっこだと痛感。年齢なんて、意味のない数字に見えてきます。

マイファースト着物、本塩沢の袷もこの５年で少しずつやわらかく変化。エイジングって、素敵なことでは？

旅に着ていくことで、心配は自信に変わる

ある程度、着慣れた2年目。私は京都への2泊3日の旅を、行き帰りも含めオールきもので過ごしました。着物は黒八丈、帯はコプト柄の織り帯とアンティークの塩瀬帯。新幹線の乗り降り、キャリーバッグの持ち運び、ホテルの部屋での着付けやハンガーの使い方、半衿の替えなど、最低限の装備で3日間、しのぐことを体得しました。

砂利道や石畳を歩いたし、バスにも乗る。お寺や神社だけでなく、博物館にも行き、都をどりも観ました。お茶室にも上がったし、夜はバーへ。天気に恵まれたので、雨の心配をしなくて済んだのは幸いでした。

それまでの私は、ウエストがゴムのパンツにスニーカー、リュックが旅の定番スタイルだったので、きものでの旅は難行苦行になるかもしれないと覚悟はしていました。しかし、意外なことに困ったことも不便なこともなく、気持ちよく3日間を過ごせたのです。

思うに、小幅で歩くことはそれほど疲れないのでしょう。さらに帯がコルセットのように腰を安定させるため、程よく腹筋背筋が使え、腰の疲労も少ない。履き慣れた草履さえあれば、足元の不安もない。ラクチンだとは言いませんが、つらいとも思いませんでした。和装というのは、頭のてっぺんから腰まで、一本の棒が入っているような姿勢を保つので、自然に体幹が鍛え

られるのを感じます。むしろスウェットで一日椅子に座って、パソコンとにらめっこするふだんの生活のほうがずっと体に悪いと実感しました。

この旅の経験によって自信を深め、その後数回の京都、飛騨高山、小倉、奄美大島、金沢、秋田にも、きもので行き来したり、持参して着たりしました。季節や目的によって、着物と帯の組み合わせ、寒さ暑さ対策、雨の備えなど違ってきますが、セレモニーへの出席がなければ、旅には気軽な紬が似合います。また、羽織るものは必須。羽織やコート、ストールなどがあると、急な雨、朝晩の冷え、夏の冷房対策、帯や着物のガードに役立ちます。

きものを着ていると、訪ねたお店やギャラリー、バーの人たちとたくさんの会話が生まれ、「あそこに行くときっと好きなものが見つかりますよ」「ちょうどいい展覧会があるのでお教えしましょうか?」などと情報が集まってくることもあります。朝、京都の糺ノ森を散歩していたら、「ご一緒しましょう」とわざわざ呼び止めてくださり、秘密の散歩道を案内してくれた方もいました。京都の展示会でその織元の帯、故郷の小倉で小倉織の帯、奄美大島で大島紬を着たときに歓待されたことも、よい思い出です。

日本には和服が似合う街並みや庭園、神社仏閣、お店がまだたくさんあります。きものによって、より旅情がかき立てられるのではないでしょうか。

四季折々訪れる京都でのスナップから。初夏は本塩沢の単衣に「洛風林」の軽い帯。祇園祭のときは浴衣と越後上布に麻の帯。秋は大島紬や黒八丈にシックな帯。冬は久留米絣を短めに着て、ニットカーディガンとショートブーツで防寒。

山梨・南アルプス市の「着物乃塩田」へは車で。着物での運転も平気。奄美大島への旅では、おさがりの古い大島紬を着て。昭和30年代の貴重な多色地摺りのものと教わった。

外国で着ることの恩恵は、計り知れない

もし海外へ出かけるのなら、トランクの中にワンセットきものを入れていかれるといいと思います。どんなドレスよりも雄弁に、日本人女性の魅力を語ってくれるからです。何も格のあるものを選ぶ必要はなく、着慣れた軽めの小紋や紬、暑い国なら浴衣で十分。外国では誰も「格」や「ＴＰＯ」を咎めたりしないし、きものを着ているだけで喜んでもらえます。

２０１５年、ロンドンへの旅で2日ほどきものを着ました。黒八丈に刺繍の帯で町を歩くと、洋服のときとはすれ違う人たちの表情が違います。微笑みを投げかけてきたり、道を「どうぞ」と譲ってくれたり。昨日までの「ニイハオ」が、今日は「コンニチハ」になりました。

ヴィクトリア＆アルバート美術館では、学芸員の女性が近づいてきて「私は日本のファッションが大好き。イッセイもコムデギャルソンも好きだけれど、何がいちばん素敵かというと、キモノよ」と、伝統的なテキスタイルがいかに特別なものかを語り始めました。宿泊していたホテルでは、フロントの男性たちが一緒に写真を撮らせてくれと言い、その写真は世界中から来たゲストのひとりとして、ホテルのデジタルアルバムに収まっています。

その楽しい経験に味をしめた私は、２０１６年はニューヨークで、２０１7年にはチューリッヒでも着ました。晩秋のニューヨークではコンサートや

ロンドンのホテルで、フロントの方たちと記念撮影。英国ロイヤルバレエ公演へは、道行にマフラーで。リュックにもなる「マルベリー」のバッグが活躍した。

秋のニューヨークでは、ミュージカルを観たり、ニューヨークフィルを聴いたり。ちょっと華やかに、付け下げに綴れ帯、道行にファーマフラー、畳表の草履、シャネルバッグでおめかし。

チューリッヒはひとり旅。おさがりの信州紬に織り帯２本で、博物館、美術館、動物園、大学へ。鉄道でザンクトガレンに行ったのも思い出深い。万歩計は毎日２万歩を超えていた。

旅仲間４人で訪れた台湾は、オール着物での３泊４日。２枚の着物はどちらもおさがり。バチ衿の気楽な着物と、「ギャラリー啓」で見つけたアンティークの大正更紗が街並みに似合ってくれた。雨にも負けず、レインコートを着て九份・十分ツアーへも出かけた。

ムック『SENS de MASAKI』のスリランカ取材では、浴衣を着た日も。古い絞りの麻浴衣にリバーシブルの半幅帯、足元はトングサンダルで。老若男女、たくさんの人から話しかけられてびっくり。

ミュージカルに出かけたので、付け下げに爪掻き本綴れ帯、道行で防寒。秋のチューリッヒには藍色の信州紬に帯は2本、軽めの織り帯を持参。ちなみに、旅へ持っていく帯はキッチンスケールで重さを測ります。荷物を軽くしたいし、旅先ではたくさん歩くので、きものとはいえ、なるべく身軽に装いたいからです。

チューリッヒで信号待ちをしていたら、若いビジネスマンが走り寄ってきました。「僕は日本で働いていたことがあります。大好きな日本の、大好きなキモノをスイスで着てくれてありがとう」と日本語で話し、一礼して去っていきました。鉄道駅で電車を待っていたら、一眼レフのカメラを持った若い女性が「ぜひ写真を撮らせて」と話しかけてきて、たくさんシャッターを押してくれました。毎日のように通ったお気に入りのビアホールでは、テーブルで隣合った年配のスイス人の男性たちから「こちらのキモノのマダムに僕たちから」と、ビールが運ばれたのもうれしい思い出です。

2018年の1月は、スリランカで浴衣を着ました。藍染絞りの麻浴衣に、リバーシブルの半幅帯。足元はワンピースに合わせて持っていったトングサンダルを兼用。そのときは、撮影と取材の仕事でしたが、私が浴衣を着ている日はすぐに日本人だとわかるせいか、現地の人たちが友好的に接してくれ、同行のスタッフにも喜ばれたものです。女性だけでなく、年配の男性からも「日本伝統のキモノはすごくいいね」と言われるので、「どうしてみなさんきもののことをご存知なのですか?」と聞いてみたら、「『おしん』を観て知ったんだよ。誰もが大好きなドラマだからね」と。親日的な国では、キモノの威力は絶大なのです。

２０１８年の12月は、台湾へ。初めてオールきもので海外へ出発し、３泊４日を過ごしました。少し前の日本を思わせる街並みには古いきものが合うかもと思い、綿着物と格子の真綿紬、大正更紗と軽い織り帯、２×２＝４通りの組み合わせで４日間。雨に備えてレインコート、マッサージに行くときのために半幅帯もトランクに入れておきましたが、それらが役に立ったのも狙い通り。台北では日本通のガイドさんが「きものの人を案内するのは初めて」と喜んでくれ、ホテルでもスタッフから「ぜひここで写真を撮って思い出にしてください」と、声をかけられました。何より台湾という土地に、きものが似合うということがうれしい発見でした。

外国への旅はそれだけで思い出深いけれど、そこにきものが加わるとさらに深みが増します。着ているだけで周囲の目が暖かくなり、丁重に扱ってもらえることに、きものへのリスペクトをしみじみ感じました。

着れば着るほど、きものが集まってくる

場数を踏むことのうれしいご褒美は、2年目くらいから現れ始めました。まず、雑誌の取材でお目にかかった友人のお母様から「あなたに似合いそうな紬があるので、一度見がてら遊びにいらして」と連絡がありました。85歳になるその方は、若いころは一年中きものを着て過ごし、いっときは銀座の呉服屋さんに請われて、接客の仕事もしたという経歴の持ち主。肩を壊して着られなくなったので、そろそろ譲れるものは譲っていこうと考え始めたそうです。やわらかものもかたものもお持ちで、すべてがモダンで洗練されていました。やわらかものは娘と、二十歳になる孫に譲るとのこと。女三代に受け継がれるきものは、何と幸せなことでしょう。

その中から、昭和40年代ごろの大島紬を3枚、信州紬、十日町紬、米沢琉球紬をいただき、大島紬の1枚はコートに、十日町紬は帯に、信州紬の単衣は袷に仕立て直しました。サイズ直しの必要がないのも、私にとっては幸いでした。

縁あって、知り合いが譲ってくださったら、惜しまずじゃんじゃん着ることが何よりのお礼だと思います。私はインスタグラムに、「#友母着物」というハッシュタグをつけて、友だちに着用写真を見てもらっています。

きものが好きと言うだけでなく、どこに行くにも着てこそ、「ああ、あの人、

本当に好きなのね」と認知されます。そうすると「きっと大事に着てもらえそう」と思われるのか、自然にきものが寄ってくるのです。

4年目に入ると、きもの関係の仕事をされている方から「あなたに似合いそうなものを送るから、受け取って」と、宅急便が届きました。紙袋に無造作に入れられたたくさんの着物や羽織は、私のサイズにぴったり合っていて、気軽な紬や小紋だけでなく、紋の入ったものもありました。その方は、私の和装を見て好みを感じ取り、背格好からサイズを判断し、行き先のない着物を送ってくださったのです。どうやら、仕事柄、日常的にきものを着ていた方がもう着ることが叶わなくなり、そのたくさんのきものの中からいくつかが私のところにやってきた、という僥倖。それらのきものは「#センセイの着物」というハッシュタグをつけて、見ていただいています。

5年目には、やはり毎日和装で暮らした大正生まれの方のふだん着物と帯が回ってきました。これまで私のアンテナには引っかかってこなかった赤やピンク、オレンジの暖色の色合い、可愛らしい柄の帯がワードローブに加わり、ポッと明かりが灯ったかのようです。着物はほとんどがバチ衿の紬で、着た瞬間からこなれた味が出、持ち主の着物に対する愛情ごとまとっているのを感じます。「#センパイの着物」と名付けたそれらには、ちょっとした経年のシミもありますが、それを含めて愛おしいと思えます。

古い着物には、女たちの生活の歴史が染み込んでいます。そのことを嫌う方もいるかもしれませんが、私はむしろ昭和という時代を逞しく生き抜いた女性たちの心を、そこからすくい取りたいと思うし、今よりもずっと大変だった家事労働をしっかり支えた布の強さをまとうことに喜びを感じます。

これらの写真は、着物も帯もすべておさがりです。自分で買ったものより、譲っていただいた着物のほうがはるかに多くなりました。いずれは私も、次のどなたかに譲れたらいいなあと願っています。

袷に直した信州紬に切り嵌め帯

着物から作り変えた帯を単衣に

出自不明だけれどどちらも好き

夏結城に麻の付け帯で涼しく

松本紬にやさしい花柄を締めて

松葉の小紋は未着用新品だった

はんなりコートは羽裏も見事

自分では選ばない赤い帯も新鮮

黒いコートには絞りの花模様が

初夏の単衣紬に十薬の付け帯で

お茶会用の色無地と帯も揃って

バチ衿小紋に氷割れのすくい帯

愛情と手間を惜しみなく注げる1枚と出合えたら

きものは何十年も、ものによっては人の人生よりも長く着続けられます。だからこそ長く愛せるものを選び取りたいと思います。

人は多くのものにたくさんの愛情を注ぎ、手間をかけることはなかなかできないもの。だとしたら何枚もの「普通に好きな」着物を持つよりも、とことん愛せるものを少なく持つことのほうがお互いに幸せではないでしょうか。

ともすると「何かのときにひとつ持っておかれると重宝ですよ」と、勧められることがあるけれど、「何かのときのために」「重宝だから」という理由だけで着物や帯を揃えるのは、心寂しい気がするのです。

本や雑誌を通し、その独自の審美眼できもの好きを魅了する文筆家の清野恵里子さんは、「慌てて買っちゃダメよ、世の中にいいものなんて滅多にないんだから。じっと待ってなさいね」と、1年目の私を諭してくれました。私は手持ちを増やしたくて、最初から全力疾走したことを反省しています。ただ、そんな数年の間にも、運命を感じるような着物との邂逅がありました。「憧れるだけで一生着ることはないだろう」と思っていた越後上布の反物を、「もし着てもらえるのであれば、お譲りしたいのですが」と見せていただいた瞬間の心の震えを、忘れることはありません。恋に落ちるような出合い、胸が苦しくなるほどのときめきこそ、きものの愉悦だと知りました。

羽のような越後上布に合わせた帯は、琉球藍で染めたイラクサと大麻の織り。西川はるえさんにオーダー。

セレモニーは、周囲になじむことが先決

それなりに場数を踏むと、やはりセレモニーも和装で出かけたくなります。「入学式や卒業式にはどんなものを着ましたか?」と、年若い友人に聞かれることが増えました。

私がきものを着始めたのは、子どもが17歳のときでしたから、式にきもので出席するのは、高校の卒業式が最初で最後になりました。それは洋装であれ和装であれ同じですが、その学校の文化、校風、保護者の雰囲気からはみ出さないことが肝心。私の場合は、講堂の2階席で式を見守るだけ、式が終わったらその場で解散というあっさりした男子校の卒業式でしたので、桐竹鳳凰紋のお召の色無地に服部秀司さんの爪掻き本綴れ帯、道行を重ねて行きました。後日、ホテルで謝恩会が開かれましたが、そのときは本塩沢紬に仁平幸春さんの竹花更紗の変わり塩瀬帯で出席しました。

子どもの行事は子どもが主役。親はなるべく目立たぬようにしたいものです。きものはそれだけで目を引くのだから、なおさら派手にならないように。ご主人と一緒に出席するなら、スーツ姿の男性と並んでもなじむ落ち着いた装いで。紋付の正装でなくても、フォーマル感があればいいと思います。もし迷ったら、地味なほうを選ぶことがポイントでしょうか。無理に個性を発揮しようとすると悪目立ちするので、気をつけたいものです。

卒業式への参列は、格調の高い地紋が織られたお召色無地に、本綴れの帯、金銀があしらわれた帯揚げと帯締めで。

輪奈ビロードの道行は「銀座もとじ」で、好みの色に染めてもらったもの。色だけでなく、衿もとのカットにもこだわって誂えたお気に入り。フォーマルな場所にはファーの襟巻きをチョイス。

今では晴れ着も増えた。「きもの英」の高級ポリエステルの江戸小紋もそのひとつ。洗濯機で洗える優れもの。

始末のよい暮らしを知るきっかけに

私の祖母は茶道教授として身を立て、80歳を過ぎてもお弟子さんに教えていました。庭木を丹精し、料理上手だった祖母。流れるような身のこなしでお茶を点ててくれた姿は、子ども心に美しい映像として刻まれました。

その後、大学入学のため上京した私は、県人会の女子寮で暮らしました。「おばさま」と寮生たちに尊敬と親しみを込めて呼ばれていた寮監さんは、洋服を持たず、365日和装でした。掃除はお茶がらを撒いて箒ではく、キャベツの芯は捨てずに翌日の味噌汁の実に。地味な紬に襷をかけたおばさまは、掃除当番や食事当番の私たちに、ものを無駄にしない暮らしとはどういうことかを身をもって教えてくれました。休日にきれいに髪を結い、華やかに装って歌舞伎を観に行くおばさまの姿は、今も鮮やかに思い返せます。

10年ほど前、雑誌の特集で沢村貞子さんのページに携わりました。そのときいただいたのが、このひもです。古くなった襦袢や羽裏を継ぎ合わせて、沢村さんご自身が縫ったひもを見るたびに、最後の最後まで布を使いきる暮らしの知恵や、丁寧な針仕事に心打たれます。そういうことを教えてくださった先達が鬼籍に入られ、直接お話しを伺う機会が減りました。でも、きものに触れ、着て、お手入れする営みによって、感じ取ることはできると思います。

きものは、始末のよい暮らしに通じる扉でもあるのです。

６枚のはぎれをちくちく継いで１本のひもに。細かく整った美しい糸目に、つい見惚れてしまう。

和の趣味やお稽古ごとが、きものの世界を広げてくれる

歌舞伎や文楽を観にいく。お茶のお稽古に通う。そんなお出かけがあると、きものを着る機会が増えるだけでなく、目の肥やしにもなります。

私も遅ればせながら、お茶のお稽古を始めました。実際にお点前を習うと「お茶にはやわらかものが似合う」と実感できます。やわらかな生地のほうが所作も美しく見え、歩くときの衣ずれの音も優雅、繊細な道具にもマッチします。お稽古は紬でもよいのに、せっせと小紋で出かけています。

逆に、ときどき聴きに行く落語や、毎月の句会にはかたもので。それもシックに着こなすより、遊びを入れた感じが気分です。俳句には着物にまつわる季語も多く、五七五のリズムや俳句ならではの軽みにも、かたものが似合うように思います。

俳句では「(季語と別の言葉が)付きすぎている」と注意されることがよくあります。ベタな取り合わせは面白みに欠ける、ということです。それはきものに相通じるところがあり、はっとさせられました。「桜が咲いたらもう桜の柄は野暮」というのにちょっと似ています。あえて合わせる趣向もありますが、「ど真ん中ではなくわずかに外してこそ洒落ている」「季節は少し先取りする」日本的な美意識が共通項として感じ取れることも、和の趣味やお稽古の面白さかもしれません。

おさがりの多色地摺りの大島紬に、竹花更紗の変わり塩瀬帯で、干菓子とお薄を。志野の茶碗は祖母の形見。

呉服店、
アンティーク店、
ネットショップ、
オークション……、

どこでどう買う？

私の呉服店とのお付き合い

お母さんやお祖母さん、身近にきものを着る人がいれば、着物や帯に触れることができますが、いまそういう家庭環境自体、少なくなりつつあります。と同時に、呉服店も減ってきました。それでもやはり、最初はお店に行き、実際にその肌触り、重さ、光沢……素材の特徴を肌で感じることが大事だと思います。そうすれば染めと織りの違い、同じ紬でも結城と大島がどれほど違うかもわかります。

私はきもの好きの友人に付き添ってもらい、東京・目白にあった『花想容』(2018年に閉店。今は移転し、催事と悉皆のみ開催)という呉服店に行きました。スタッフの方たちのきもの姿が好ましく、安心でした。着付けもここで習いましたし、年に2回は悉皆の方がいらして相談にものってくれるので、いただきもののお直しなども依頼しました。あるときは、買うかどうか迷っている私に、「それはまだいいんじゃないかしら」と、購入を止めてくれたことも。その方は、故郷の山梨に帰り、センスのよい品揃えで知られる呉服店『着物乃塩田』へ移られましたが、今も私のきもののメンターとして頼りにしています。

『銀座もとじ』とのお付き合いはそれ以前から。最初は雑誌での貸し出しや取材を通してでした。やがて自分でも着るようになり、定期的に行われる作家さんのギャラリートークでは、中学・高校・大学の先輩である小倉織の染織家・築城則子さんと感激の対面。染色家・仁平幸春さん、日本刺繍家・森康次さん、爪掻本綴れの作家・服部秀司さんにお会いできたのも、もとじさんのご縁。奄美大島出身の店主が旅行のアドバイスをしてくださり、2017年に奄美を旅したのもよい思い出です。

京都では展示会や取材を通して、いくつかの織元、呉服店、卸の方たちとお知り合いになれました。大らかで、愛らしい帯を製作する『洛風林』の展示に心ときめかされ、『工芸こはく』では、これからの時代の着こなしについて教わることが多く、『ギャラリー啓』では古い自然布の美しさにうっとり。『きねや』で小物を揃えるのも、京都滞在の楽しみです。

20代、私は雑誌『オリーブ』の編集をしていましたが、そこでスタイリストをしていたのが大森伃佑子さん。長年の友人である大森さんが立ち上げたきものブランドが『ドゥーブルメゾン』です。既成概念を打ち破る、自由で楽しいきものの提案は、新たなワクワク感を吹き込んでくれました。同じく『きものやまと』が展開する『THE YARD』にもお世話になっています。「白いシャツを着るように、着物を着よう」というコンセプトは、シンプル志向のおしゃれさんにぴったりですし、ブティック感覚の入りやすい店舗、買いやすい価格帯は、スーツを買う感覚に近く安心感があります。

『銀座むら田』へは、素敵な着物や帯、古い更紗の小物を見るだけでなく、女将にお会いすることが目的だったりもします。青山の『こまもの玖』では、帯揚げや帯締めの見立てをお願いしたり、小物にまつわるさまざまな知恵を授けてもらっています。

『シルクラブ』は、きもの生活を彩り豊かにしてくれるかかりつけのセラピーのような存在。その人のライフスタイルに見合うきものを提案してくれます。優雅な空間で開催される企画展に伺うのも楽しみのひとつ。

呉服店にはそれぞれの個性と得意分野があります。肌が合うお店を見つけることが、健やかなきもの生活につながります。

リサイクル品、アンティーク品を買う場合

私はリサイクルやアンティークの着物や帯をいくつか持っています。染織の工程が大変で、作り手の数も少なくなり、今ではとても貴重で高価になってしまった伝統工芸のものも、リサイクル品なら

手が届きます。また、古い時代の染めや織りの可愛さも魅力。お気に入りのものが見つかったら、ここでもとことん質問して、実際に着装し、納得したうえで買うことです。サイズを直したり八掛を交換したりすると、そこから余分に仕立て直し代が発生するので、そこまで考えて算盤を弾きましょう。

私はリサイクルやアンティーク品を扱うお店の人の知識やセンスは、新品店よりも厳しく見極めます。時代背景や染織について、適当なことを言ったりする店では買いません。私は古い時代の更紗が好きですが、時代や産地、染料や版の種類、モチーフなどを語れる人から買いたいと思います。店主の愛情に満ちた話を聞くうちに、欲しくなった古い帯もあるくらいです。

ネットショップやオークションで買う場合

近くに呉服店がない場合、ネットで購入するのもひとつの方法。そして、オークションはいいものを安く手に入れることが可能な方法でもあります。でも、そのためにはある程度知識と経験が必要だし、相場も調べておかなければなりません。パソコンの画面では色合いが異なることもあり、実際届いてみたらイメージと違ったということもあります。オークションはあくまでも「趣味」と割り切って。成功もあれば失敗もある、それを承知で参戦するならいいのではないでしょうか。

また、信頼できて自分の好みに合うお店のネットショップは、利用価値があります。実店舗を訪ねてみたことがある、そこのセレクトが好き、話の通じるスタッフがいる……そういった積み重ねがあれば、より安心です。特に目的やアイテムが決まっている場合は重宝。まめにホームページやインスタグラムを見ているだけでも、きものの知識が増え、相場もわかってくるので勉強にもなります。

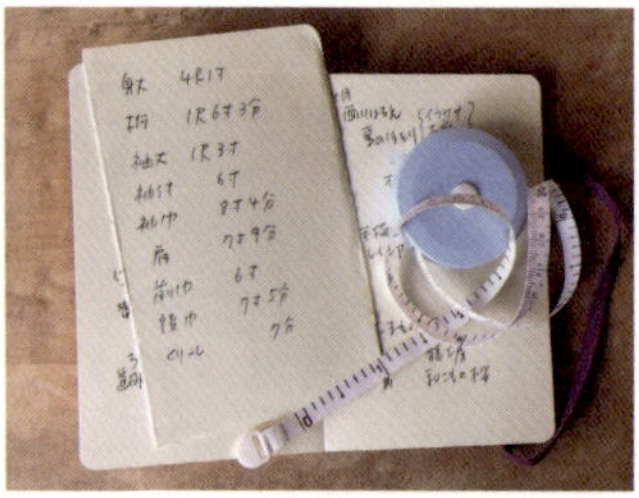

着物のサイズは鯨尺という尺・寸・分で表示されるのが通常。でも最近は㎝表示も。このリバーシブルの巻尺があると便利。自分のサイズもメモしておく。

きもの用語

きものには
たくさんの用語がありますが、
最初は、着物と帯の種類だけ
覚えておけば大丈夫です。
それ以上のことは、
実際に着ていくうちに
少しずつわかるようになります。

◎その着物は織り？　染め？

着物は大きく二つに分けられます。染めの着物は「やわらかもの」と呼ばれ、見た目も触り心地もつるっと滑らか。白生地に染めを施したもので、礼装にはこちらが選ばれます。織りの着物は「かたもの」とも呼ばれ、糸を先染めし、柄はおもに経糸と緯糸によって織り出されます。しっかりした風合いがあり、多くはふだん着、街着に。まずは「小紋は染め」「紬は織り」と覚えておきましょう。

◎小紋とは？

同じ文様が繰り返し染められた着物です。全体に柄が染められているものは「総柄」、飛び飛びのものは「飛び柄」。中でも「江戸小紋」は、微細な文様が型染めされ、格も高くなります。

◎紬とは？

紬は屑繭や玉繭を綿状にして、そこから紡いだ素朴な糸を使って織られます。結城紬は真綿から紡いでいるのでふっくら。大島紬は現代では生糸で織られているので、艶があってさらっとしています。産地によって柄や風合いも違うのが魅力です。

◎帯の種類と用途は？

帯は3種類覚えておけば問題ありません。まずいちばん出番の多いのが「名古屋帯」でお太鼓は一重。長さは3ｍの後半。格が高くセレモニーなどに締めるのが「袋帯」でお太鼓は二重。その分長くなり4ｍ20㎝ほどに。浴衣などに合わせるカジュアルなものが「半幅帯」、半幅帯はお太鼓にはできません。帯にも織りと染めがあり、着物とは逆に、フォーマルな場には煌びやかな織りの帯が似合い、染め帯はおしゃれ着に向きます。ただ、素材感や柄行きによって、一概には言えないので、アバウトに捉えておきましょう。

店主にインタビュー

「恐れず着て楽しんで。そのお手伝いをするのが、呉服屋の役目です」

私が信頼を寄せる呉服店『シルクラブ』西村はなこさんに、お店との付き合いかた、きものの選びかたをお聞きしました。

ご家族や友人に連れて行ってもらえれば心強いですが、ひとりで初めてのお店に入るのは勇気が要りますよね。私は、「もしお手元に着物や帯がおありでしたら、まずそれを悉皆に持ってきてもらえますか?」とお話しします。現物を見ながら、その方がこれからどんなきものライフを過ごしたいのかお聞きし、手持ちのものをお手入れするのが最初の段階だと思うからです。「そちらで買い求めたものじゃないのにいいのですか?」と聞かれますが、遠慮は不要。作った人、売った人、着た人にとって、無駄になることほど悲しいことはないのです。

悉皆には着物の知恵が詰まっています。例えばシミがある場合、シミ抜きする、色を染め替える、金を蒔く、仕立て変えてシミを隠すなど、いろんな方法があるし、意外に染め替えより金を蒔くほうが安く仕上がることもあるんですよ。そういうことにどれだけ心を尽くしてくれるかが、呉服店選びの大事なポイントです。

ときどき古着屋さんで買った着物を持ってこられる方がいらっしゃいますが、そういう古いものの中には、弱地といって、生地や糸が弱っているものがあります。裂けや破れにつながるので、買うときに「弱地かどうか点検してください」とひと言お願いしてみるといいですね。気に入った色柄が安く買えても、すぐに裂けてはもったいないですから。

初めて着物を買うのなら、呉服店が開催する展示会やイベントも

おすすめです。さまざまな着物や帯が揃っているので、いろんなことを尋ねてみましょう。素材、産地や染織の方法、どんな場面に似合うのか、売る側もたくさんお話したいのです。

先日、とてもうれしい出来事がありました。1年前の展示会で縞のお召を気に入られたものの購入には至らなかった方が、今年またいらして「あのお召が忘れられなくて。もしあれば買わせてください。私にとって初めての着物です」と、求められました。きっとその着物もその方のところに行きたくて残っていたのでしょう。相思相愛でした。

もし「この着物に合う帯が欲しい」というような希望がある場合、任せてくれれば探します。予算、目的、参考になる写真など、具体的な条件を示してくださるとより探しやすくなります。こういうことも遠慮せずに尋ねてみるといいのではないでしょうか。

きものは着る方の「人となり」が表れます。ウールや綿が、絹に劣る訳ではないし、手織りにも機械織りにもそれぞれの良さがあります。値段やブランド、新品か中古かなど、大した問題ではありません。どれだけその人に似合い、釣り合いが取れているかが大事なことなんです。そして、着付けにもその人が出ます。人それぞれの着付けがあっていい。シワだって美しいのです。恐れずに着て、楽しんでほしい。そのお手伝いをするのが、呉服店の役割だと思っています。

第二章

さあ、お出かけしよう

私が初めてきもので出かけたのは、バレエの公演。その次は呉服屋さんへ、3度目は友達とのごはん、4度目は近所の花見。そんなふうに、少しずつお出かけ慣れするように心がけました。着物も帯も一張羅、帯締め1本、帯揚げ1枚でのスタートでした。

帯が解けたらどうしよう？ 食べこぼしの応急処置は？ 濡れたときはどうするの？……、心配ばかりでした。でも、習うより慣れろ、失敗から学べばいいのです。

最初は疲れがちなので、半日を目安に。もし待ち合わせをするのなら、20分前に着くくらいの余裕が必要です。いつもは信号が変わる間際に走る人も、それが叶わないことを考慮に入れて。万が一に備えてクリップ1個、腰ひも1本をバッグに忍ばせておくと安心です。

「仮免歩行中」と札をぶら下げたかった最初の1ヶ月。でもここをクリアしたら、きものへのハードルはどんどん低くなっていきました。

冬の袷《あわせ》*

1月〜2月

コーディネートの一例を1月からご紹介。新年を迎え、春に向かう時期は、やはり「松竹梅」が似合います。お正月、初釜、成人式……気持ちを新たにする行事が多いのも、この季節ならでは。いくぶん華やかに装います。

梅の絞りがあしらわれた付け下げではんなり。「シルクラブ」で誂えた点砂松の帯、きらめき感のある帯締めや帯揚げで、新年気分を。

1月

三が日はきもので。このひと月はやわらかものに袖を通したくなります。松竹梅や吉祥柄、めでたく華やかに装うのも新年ならでは。

2月

立春、節分、雨水と、寒さ厳しい中にも春の兆しが現れ始めます。軽く暖かい真綿紬を着ながらも、どこかに明るい色を忍ばせて春待ちの気持ちを。

*袷とは、裏地をつけた着物のこと。

春の袷

3月〜4月

雛祭りが終わり、桜の季節へ。卒業式や送別会、その後は入学式、新生活と節目の会が増えます。可愛く淡い春の色柄はもちろん素敵ですが、年度の始まりを感じさせるキリッとした装いも背筋が伸びて新鮮。

藍色の信州紬に、首里ロートン織の帯を合わせ、帯締めも若草の色をチョイス。風薫る新緑の爽やかさをいち早く取り入れて。

3月

桜の文様をはじめ、黄色やピンクなど、可愛い色づかいがこの時期の楽しみ。卒業式や謝恩会、晴れ着の機会があるなら早めに準備を始めて。

4月

桜も散り、暦は清明から穀雨へ。新入生、新社会人……、「新」にはネイビーがふさわしく、新緑から藤の花の季節、藍色などをすっきり着たくなります。

初夏の単衣《ひとえ》*

5月〜6月

ゴールデンウィーク後半になると汗ばむ日も。気温によっては早めに、単衣に切り替えていいと思います。帯つき（羽織りものなしで着る）の単衣は、身も心も軽くなったように感じ、うきうきします。

米沢琉球のツバメ柄に甲斐凡子さんの帯「さざ波」で、明るく活動的な初夏の装い。初めて単衣を着るときの身軽さが、いっとう好き。

5月

大型連休後半には立夏を迎えるので、ここで単衣を解禁。半衿は楊柳、帯揚げは袷用にして、天気と気温、TPOによって袷か単衣かを判断します。

6月

軽やかな単衣を満喫。淡い色や寒色系を少しずつ増やして、後半には半衿は絽、帯揚げも夏物に。夏至を過ぎたら、透け過ぎない薄物も解禁します。

＊単衣とは、裏地のない着物のこと。

夏の薄物《うすもの》*

7月〜8月

梅雨明けしてカッと暑い日が増えると、透け感のある薄物や浴衣の出番。絹だけでなく、綿や麻、自然布……いろんな素材をまとえるのが夏の楽しみ。クールに見える色とモチーフ、小物を選んで、暑くても涼しい顔。

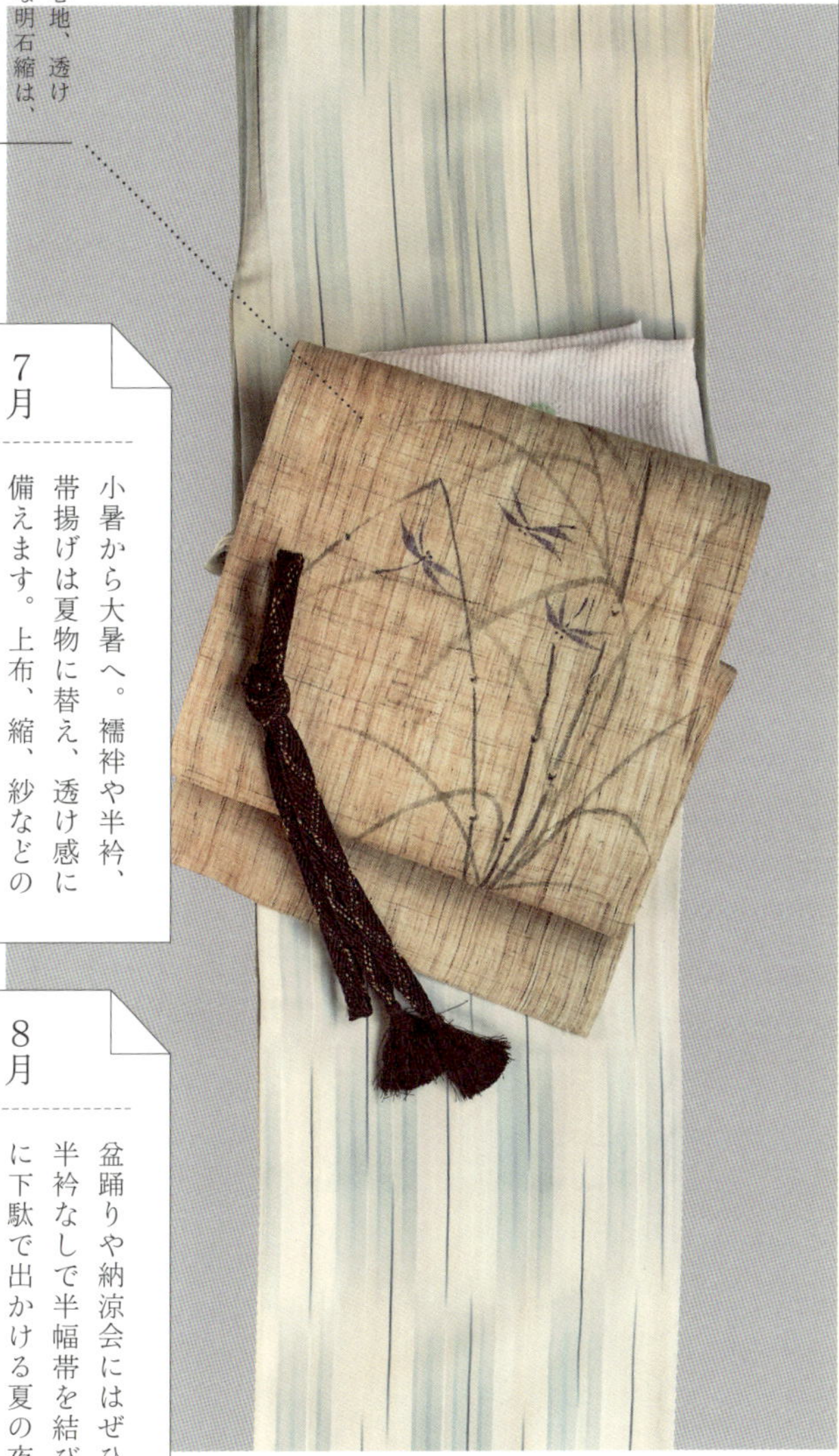

爽やかな着心地、透け感がきれいな明石縮は、夏のおめかしに。アンティークの麻帯はトンボ柄。細めの帯締めで涼を感じさせて。

7月

小暑から大暑へ。襦袢や半衿、帯揚げは夏物に替え、透け感に備えます。上布、縮、紗などのシャキッとした着物で見た目にも涼やかに。

8月

盆踊りや納涼会にはぜひ浴衣で。半衿なしで半幅帯を結び、素足に下駄で出かける夏の夜の解放感は特別。大人には古典柄が似合います。

* 単衣のなかでも薄くて透け感のある着物を「薄物」と呼ぶ。

初秋の単衣

9月〜10月

初夏に着ていた単衣が再び出番を迎えますが、秋らしい色使いで変化を。暖かみのある色や柄、小物使いで少しずつ秋の気分を出します。夏へ向かうときとは違い、単衣から袷への切り替えは比較的きっぱりと。

松本紬の単衣は、初秋に似合う色。「洛風林」の雲取文様の帯で、空の高さを感じさせ、帯締めには秋の花を思わせる黄色と紫を。

9月

どんなに暑くても、重陽の節句を過ぎたら単衣に変えて。帯揚げや帯締めの色をこっくりさせるだけでも、初秋の気分が演出できます。

10月

袷への切り替えはできるだけ早めを心がけて。暑いときは襦袢だけ単衣用にするとしのげます。帯つきの装いもあと少し、気軽な外出を楽しみます。

秋の袷

12月〜11月

朝晩冷え込み、紅葉が進む時期は、きものが心地いいベストシーズン。暖かな風合いの紬、こっくりした色の帯に羽織を合わせるのが似合います。シルバーウィークの旅、紅葉見物、クリスマスや忘年会で、きものを満喫。

横段の紬は枯葉色。アンティークの帯は、大正時代の更紗。帯揚げ、帯締めも茶色をベースにし、冬じたくする山の景色に見立てて。

11月

紅葉が始まったら、羽織やコートをプラスします。小旅行、紅葉見物、展覧会などには、シックな色の着物を選び、落ち着いた晩秋の雰囲気を。

12月

忘年会にクリスマス、華やかなイベントが増える年末。光沢感のある帯やパーティー仕様のバッグなどで、ベーシックな着物をいくぶん盛ってみます。

袷の着物に、季節を問わない帯3本

私が最初に誂えたのは、ベージュ系の本塩沢紬です。これに季節を限定せずに締められる唐花更紗の名古屋帯を合わせ、しばらくはこの組み合わせばかりでした。

次に購入したのが、コプト文様の名古屋帯。1本目がクリーム色に暖色の花の、いくぶんフェミニンな帯だったので、ダークな色、個性的な柄に惹かれたのかもしれません。コプトというのはエジプトの宗教美術の文様で、この5年間でいちばん回数多く締めたのがこの帯です。

次のシーズンになって出合ったのが、竹花更紗があしらわれた黒い塩瀬の名古屋帯。作り手である仁平幸春さんには、作品展でお会いし、染めに込めた思いをお聞きしました。アトリエで制作の過程を見せてもらったこともあり、ますます愛着が湧きました。金色を使った友禅とろうけつ染めがシックながら優美、染め色にも艶があるので、セミフォーマルにも締められます。

初心者の私にとってこれらは「三本の矢」のようなものでした。お互いに補い合いながら、未熟な私を支えてくれた頼れる家臣のような存在。「着物1枚に帯3本」、この意味がやっと腑に落ちました。1枚の着物が、優しく、時に強く、あるいは華やかに。帯とのマッチングにより、いかようにも変貌することを知り、きものの深淵のとば口に立ったような気持ちになりました。

これが最初のひと揃え。
単衣向きといわれる本塩沢をあえて袷に。
最初の３ヶ月はどこに行くにもこればかりでしたが、楽しくて楽しくて。

ベースになる着物は冒険せず、洋服の延長線上で選ぶ

着物は首から足元までを布が覆い、袖も長く大きいので、初心者のうちは着慣れた服と同じような色を基準にしたほうが気恥ずかしくなく、安心できます。茶系の服が似合う人ならベージュ系、洋服のベースがモノトーンならグレー系、ネイビーが好きならブルー系などのシックな色を。柄も小さめで遠目には無地に見えるくらいのものにしておくと、自分自身も飽きずに着られ、どんな場所にも馴染んでくれるでしょう。

着物は反物の状態では地味に見えても、仕立て上がると意外に華やかなもの。もしお店で反物を選ぶ場合は、着装して、全身が映る鏡で見てみます。パッと見グレーだとしても、素材によって光沢感があったり、青みが強かったり、柄が浮き立ったり、グレーとひとくくりにできないものです。

私の袷についていえば、ベージュの本塩沢紬の次は、チャコールの琉球紬、その次には茶黒の八丈紬を手に入れました。先ほど「着物1枚に帯3本」と書きましたが、逆も真なりで、「着物3枚に帯1本」ともいえるし、帯締めや帯揚げ、帯留めが増えていけば、コーディネートの数は飛躍的に増えます。

遠目には無地に見えるこの大島紬も、どんな帯も受け入れる懐の深い万能選手で、飽きることがありません。デザインの要素がない分、いろんな掛け算ができること。これがきものの醍醐味ではないでしょうか。

ブルーグレーの蚊絣の大島紬は、カジュアルな綿、アンティークの染め、インドネシアのバティック、金糸が入った重めの織り…どんな帯を持ってきてもなじむ。右上から下に、端整な熨斗目文様、ジャワ更紗、綿の小倉織、アンティークの牡丹柄、コプト文様、唐花更紗、椿の絵の塩瀬、竹花更紗の変わり塩瀬、やげん柄刺繍の織り帯。

暑い日にはためらわず、単衣をもっと活用したい

本来の暦だと、単衣は6月と9月のたった2ヶ月しか着られないことから、あまり重視されてきませんでした。梅雨どきと秋の長雨や台風シーズンと重なることもあり、単衣にお金かけるのはもったいないという風潮があったように思います。きもの好きの知り合いに聞いても、単衣の枚数は少ないといいます。

でも昨今、4月でも夏日、10月でも30度を超える日があります。２０１８年はことのほか暑く、ゴールデンウィーク後半から単衣を着始め、10月１週目まで手放せませんでした。数えてみたら40日以上着ていました。

なるべく暦に従いたいという気持ちはありますが、大汗をかきながら苦しむ必要はありません。和装は修行ではないのですから、夏日には迷わず単衣で。お茶会や婚礼など、フォーマルな装いが求められる場所でない限り、自分の心地よさが、人の目にも爽やかに映ります。

とはいえ、5月と6月の単衣はちょっと差をつけたいし、9月と10月でも着こなしは変わります。5月の単衣なら半衿は楊柳にし、6月後半は夏用の絽、9月に入ったら楊柳に戻し、10月ならもう袷用に。帯揚げも6月と9月なら夏用のものを使い、5月と10月は袷用の中からさらっとした素材感のものを選んでいます。

また、夏に向かう5月6月と、秋に向かう9月10月では、着たい着物も締めたい帯も自然と変わるもの。気温が同じだとしても、6月なら白っぽい紬や寒色系の色使いが気分だし、9月に入るとちょっとこっくりした色も入れてみたいと思うものです。バッグも初夏ならかごの軽やかさが似合うけれど、初秋にはシックで温かみのあるものが持ちたくなります。季節が入り混じるのを困ったことだと考えるより、この曖昧な時期にしかできないミックス感を楽しめばいいのだと考えています。

着込んだ単衣を、裏をつけて袷に仕立て直すのも、きものならではの楽しみ。私はおさがりの信州紬を袷にしましたが、やわらかくなった生地にこなれた風合いがあり、着心地もよく、気に入っています。いま単衣にしている黄八丈も、もう何年か着たら袷にする予定。そうすることで、着る人もリフレッシュするし、生地も仕立て直すことで元気を取り戻してくれます。

温暖化はすぐに食い止められるものではありません。ますます季節外れの暑い日が増えていくことでしょう。そんな時代には、単衣の充実が欠かせないと感じています。カレンダーよりも温度計を見て、自分を苦しめないことが大事ではないでしょうか。

この黄八丈も菊地信子コレクションから。「ジャワ更紗 reisia」のバティック帯で、初夏の明るさを楽しむ。

しょうざんの生紬単衣に、
きもの愛好家だった菊地信子さんの形見分け会で求めた帯。

ちょっといい浴衣で、きものを始めるという道も

着付けが簡単で、涼しく着られる浴衣は、夏の夜のイベントにぴったり。さらに、選び方や装い方をランクアップさせれば、ビヤホールだけでなく、ビストロやバーにも着ていけます。たとえば、透け感がきれいな綿紅梅や綿絽、清涼感のある綿縮などの上質素材なら、半衿や白足袋を合わせても素敵で、カジュアルな半幅帯から名古屋帯まで柔軟に受け入れてくれます。

２０１２年、私は日本橋『竺仙』で、奥州小紋がどのように作られているのかを知り、その伝統的な引き染めの手法や柄に惚れ込んで、麻の半幅帯を組み合わせて購入しました。浴衣として素足に下駄でさっぱり着ることもあれば、出かける先によっては半衿と白足袋、草履のことも。７年経った今も、この浴衣と帯は大活躍しています。

本格的にきものを着るまでの2年間、私はこの浴衣だけで和装の入り口で遊びました。もし最初の浴衣がペラペラした味気ないものだったら、その素晴らしさを味わうことなく、この世界から撤退していたかもしれません。

40代からの浴衣は、体に合った仕立ての、古典柄がおすすめ。ひとつ価値のある浴衣を持つと、夏の装いに変化がつき、和装の楽しさを実感できます。いきなり本格きものを着る前に、助走として浴衣を楽しむというルートもありだと思いますし、夏は浴衣だけと割り切るのも手です。

昔ながらの引き染め、手差しの染色を施した奥州小紋に、黄と生成りのリバーシブル半幅帯は、夏の定番。

ご近所のお出かけには、半幅帯をキュッと締めて

半幅の帯が浴衣専用になっている人も多いかもしれませんが、最近の半幅帯は少し長め（3m60cm～3m80cm）にできていて、角出し風、パタパタ結び、リボン返しなど、さまざまな結び方が可能になってきました。

長めになると帯結びのバリエーションが増えるだけでなく、気になるおしり周りをカバーすることもできるし、帯揚げや帯締めを使うことでおめかし風にもなります。リバーシブルの仕立ても多く、裏面を効果的に見せるのもおしゃれ。締め方、結び方にルールがないので、その日の気分に合わせて気軽に結べ、自由度が高いのが魅力です。

麻などの涼しげな素材だと夏だけしか使えませんが、博多織や黄八丈、バティック、紅型などの絹や綿の帯なら、1年を通して締められます。例えば、近所の居酒屋へ飲みに行く、地元の友だちとお茶をしに、神社のお祭りに、自宅で気軽なおもてなし……など、家を中心にしたご近所エリアなら、半幅帯が程よいことも多いのではないでしょうか。集まる人の装いがふだん着のシャツにジーンズなのに、ひとりお太鼓だと逆に居心地が悪いもの。ちょいとそこまで的な着こなしにぴったりです。

私はきもので旅に出るときにも使っています。新幹線や飛行機に長い時間乗る場合、お太鼓だとリクライニングしにくいのですが、帯枕を使わない半

幅帯なら、背をもたせられるからです。吉弥結び、貝の口などの平面的な結び方にしておくと、リラックス感が増します。ただ半幅帯は無防備に見えがちなので、どんな季節でも羽織るものを用意しておくことが、大人のたしなみかもしれません。そして、旅先での気楽なお出かけにもぴったり。私は台湾で足裏マッサージに行くときに結んでいきましたが、仰向けもうつ伏せもラクで、着替えもせずに施術してもらいました。

脱ぐ必要がない羽織や着物カーディガンを着るときも、半幅帯を結ぶことがあります。帯揚げや帯締めを使えば、前からの見た目は名古屋帯となんら変わりなく、それでいて背中が膨らみ過ぎないので、カジュアルな印象に。デパートや電車の中では人とすれ違うことも多く、そういうときにも半幅帯のスリムさはありがたいなあと思います。

その結び方を知るのに、いちばん簡単な方法が動画。YouTubeなどで検索すると、さまざまな結び方が紹介されています。本を読み、写真を見ながら頭を悩ませていたころから比べると、本当に便利になりました。自分の好きな結び方を2つくらい身につけて、あとは帯の長さや着物との相性で、自由にアレンジ。半幅帯ならではのアシンメトリーな結び方は、お太鼓とは違う面白さがあります。

この3つはどれも
「割り角出し」がベース。
角の分量や
たれの見せ方で
変化をつけて

上・大島紬の単衣に「びんがた工房くんや」の帯を割り角出しに結び、中心の結び目を見せて。たれ先を片方に垂らして動きを出してみた。おしり周りを可愛くカバーしてくれる。

左上・菊地信子コレクションの麻浴衣には、博多織の小袋を。幾何模様と植物模様のリバーシブルで光沢のある白が上品。割り角出しに結び、たれを斜めにかぶせキリッと大人っぽく。

左下・本塩沢の袷に締めたのは、インド更紗と久留米絣をリバーシブルにした「kimonogallery 晏」のオリジナル。お太鼓風に結び、たれ先の緑を効かせると、奥行きが出て華やかに見える。

盛夏のきものには、着る喜びと見る人に涼を運ぶ心遣いが

暑がりのくせに夏着物が大好きです。

上布の軽く繊細な感触、芭蕉布やシナ布、自然布の爽やかさ、小千谷縮や明石縮などシボのある織り、軽くて透け感がきれいな紗や絽といった布……。薄物にはその季節だけにしか味わえない独特の風合いがあり、そこには日本の夏ならではの美意識と情緒が感じられます。

雪や氷、水辺に千鳥の文様でひんやり感を演出したり、透ける素材でクールに見せたり……。歩いていると「わあ、素

格子状の透け感が涼しげな絹紅梅に、越後麻布の帯を締めて。風通しのよいさらっとした感触が好き。

敵ですね」と、いちばん声がかかるのが夏の薄物です。本人の喜びだけでなく、周囲の人の目にも心を配るのは、日本だけの衣文化ではないでしょうか。

酷暑が続く最近の日本の夏。きものを着るのには、覚悟が必要です。でも、肌を露出しても暑いものは暑いし、年齢が上がるほどあまり見目麗しいものではなくなってきます。むしろ風通しのよい布をゆったりとまとい、肌を隠したほうがエレガント。胸元に扇子、日傘をさして歩けば、暑さもしのげます。着付けは極力はしょって、伊達締めなし、腰ひもと胸ひもだけで着ています。

夏は浴衣だけでいいと割り切ることにも賛成ですが、布好きが行き着くこの世界もまた特別な快感があるのです。

小千谷縮に合わせたのは、「工芸こはく」の展示会で出合った千鳥と網干の帯。見る人に涼を運びたい。

華やかな席へおめかしして、そんなときは付け下げで

ハレの日の装いに幅広く対応してくれるのが付け下げです。華やかな袋帯を締めて、礼装用の帯揚げや帯締めを合わせれば、披露宴やお茶会などのセミフォーマルな席に。名古屋帯にはんなりした小物を合わせれば、きれいなワンピースのような装いになり、気軽なパーティーや観劇、コンサート、ホテルでの会食などに着ていけます。

準・略礼装のシーンで汎用性が高いのが、色無地、江戸小紋、付け下げですが、その中でいちばん楽しくおしゃれなのが付け下げだと思います。目上の方と同席するレセプションや故人を偲ぶ会などが日常にある人なら、色無地や江戸小紋のほうがふさわしいし、ご親族に譲られたフォーマル着物をお持ちなら活用されるのがベストですが、そういう機会がない私は、この4年、華やか用として付け下げ1枚でやりくりしてきました。

袋帯があればよりゴージャスに装うことができますが、私は八寸ながら格上とされる本綴れ帯や、金糸が使われた熨斗目文様の名古屋帯に、フォーマル感のある帯締めと帯揚げを取り合わせています。

普段着では行けない、かといってレッドカーペット級のドレスでは行き過ぎ。ほどほど華やかで、ほどほどにモード感があり、目立ちすぎず地味すぎずという立ち位置に、付け下げはとてもマッチします。

森康次さんの刺繍付け下げに、「美術工芸啓」の熨斗目文様の帯。
私の晴れ着はこの程度、抑え気味が自分らしくいられる。

長襦袢はマイサイズ、着物もできれば体に合ったものを

着物は多少大きかろうが、短かろうが、融通できるという利点があります。譲られたサイズ感の合わない着物も、それなりに着ることができますが、初心者のうちは体に合ったサイズの着物で、着付けのフィット感やコツを身に染み込ませることが大事だと思います。

特に、長襦袢が体に合っていないと、着付けに苦労するうえに、着崩れてしまいます。サイズの合わない下着だと、体の線がきれいに見えないしストレスになるのは、洋服と同じ。さらに、着物も身丈、裄、前幅、後幅などの寸法が合っていると、短時間で着られるようになります。初心者にはなかなか自分に最適な着付けと着心地がわからないものですが、自分サイズに仕立てられた着物を何度も着るうちに、心地よくなじむ感じがわかり、それを体が覚えていきます。その体感が、その人の基準になるのです。

私も知り合いから譲られた大きめのものやリサイクル品をそのまま直さずに着ていましたが、見た目ももったりし、着心地も悪く、結局手に取ることがなくなりました。ところが、仕立て直したら着姿もすっきりし、一日中着ていても着崩れず、いきなり出番が増えたのです。ただ、仕立て直しにはお金がかかるので、プロに直すだけの価値があるのか意見を聞き、見積もりを出してもらい、最小限の直しで済ませましょう。

蝙蝠柄がお気に入り、「一衣舎」で誂えてもらった洗える長襦袢。丁寧な採寸でストレスなし。

フェミニンに装いたいときは、ワンピース感覚の小紋で

私は織りの着物が好きで、晴れ着の付け下げ以外はかたものしか持っていませんでした。きもの4年生になったあるとき、いただきものの小紋を着たら評判がよく、きもの好きの友人たちからも「あなたにいちばん似合うのは小紋だと思うわ」と言われるように。ジーンズに麻のシャツ、モノトーンの無地が自分らしいと信じていたのに、たまたま着たプリントのワンピースを褒められたような気持ちでした。

以来、ときどき小紋を楽しんでいますが、やはりやわらかものにはとろりとした素敵な着心地、キュンとするような女子っぽさがあって、かたもののときとは身のこなしまで変わる気がします。

水玉や小花、縞や幾何模様など、洋服に近しい柄も多く、そういう総柄や飛び柄の小紋に、柄物の帯やカラフルな帯締めを合わせるのは、心躍る発見の連続。今まで洋服の延長線で、無地感覚の着物をベースに取り合わせを考えてきた私の目からウロコが落ちました。「花柄の着物に花柄の帯が合うなんて！」、おしゃれ人生の中で初めて体験するこの組み合わせに、ときめかないわけがありません。

洋服的なシンプルシックをベースにしながら、ときどききものならではの色合わせ、柄合わせも楽しめたら、コーディネートの幅がうんと広がります。

おさがりの小紋はリバティプリントにも似て。唐花の帯に「ミナペルホネン」の薔薇のバッグで花尽くし。

ひも1本の効果は絶大、帯締めは能弁な小物

今でも初めて上野の有職組紐『道明』へ行ったときのことは忘れられません。最初の一式を何度か着ていくうちに、せめて帯締めの色が違えば、気分も変わるかも？　と、帯を持って行きました。お店の方にまだきものを着始めて間もないことを話して、数本選んでもらい、帯にのせてみました。花浅葱、晒柿、深縹、白緑……日本の色とその名のなんと美しいこと！　そして、1本のせる毎に帯のトーンが変化することに感動を覚えたものです。

帯締めは男の人のスーツで言えばネクタイのような存在で、同じシャツとジャケットがその1本でガラッと変わるのと同様、全体像が変化します。体の中心に結ぶのだから、目立ちもします。着物も帯も大事だけれど、帯締めが生殺与奪の権を握っているのでは？　と思うほど。馴染ませるにしろ、主張するにしろ、着こなしを決める大きな役目がこの1本にかかっています。『道明』の方からは、着物の色、帯の地色とは違う色を選ぶと上手くいくこと、暖色と寒色を混ぜた多色使いは合わせやすいことなど、教わりました。

私は季節柄の帯をあまり持っていないので、帯締めの色でそれらしい気分を出すようにしています。春が近づいたら桜鼠や鶯、夏には爽やかに見える浅葱、秋なら色づいた葉っぱを思わせる金茶や鳶、それだけでいつもの帯が季節に寄り添ってくれる気がします。

単色の冠組のほかに、こんな多色の暈しも。笹浪組、奈良組など、さまざまな組み方がある。

いつも使うバッグを和装に合わせて

私は和装時も、洋服のときに持つバッグを愛用しています。兼用のポイントはハンドルの長さ。バランスよく見える短めのものを選んでいます。最近はツーウェイバッグも多く、ストラップをつければショルダーやリュックになるものもあり重宝です。

例えば、『マルベリー』のリュックはストラップを外すと、きものにぴったりなハンドバッグに。『シャネル』のマトラッセも洋服のときは斜めがけにし、きもののときは文房具のリング金具を用いてチェーンを内側で短くして持ちます。この2つは旅できものも着る場合の定番になりました。

気温の上がる春の終わりから夏は大好きなかごを。日本のものだけでなく、洋風のもの、東南アジアのエスニックな雰囲気のものも相性がよく、夏の薄物や浴衣に持つと、それだけで着姿に涼しげなニュアンスが。また、山葡萄のかごとナンタケットバスケットはオールシーズン使っています。

私はふだんから荷物が少なく、小さなバッグでも用が足りるのですが、打ち合わせの資料やノート、勉強のための本や辞書を持ち歩く日も。そんなときは、A4ファイルが入る布のバッグを使っています。でも、基本は「小さくて軽いバッグをひとつ持ち」。重心は帯に置き、下半身にどっしり感が出ないようにするため、私が密かにこだわっていることです。

母がこぎん刺しした布を、A4ファイルが入るサイズに仕立ててもらった。荷物の多い日に。

「エマホープ」の刺繍バッグは、持ち手を横尾香央留さんにお直ししてもらいながら20年。

心強い小物で、雨の日も諦めない

せっかくきもので出かけようと思っていたのに、あいにくの雨。そんな日は、同行の友だちから「私は諦めます」「残念ながら洋服で行きます」と連絡が届きます。「雨の日は着ない」という線引きも合理的だと思います。

私はというと、激しい雨でない限り、着て出かけます。着物の中でも比較的水に強いのが大島紬。袷の時期なら濃い色の大島紬に木綿の帯を合わせ、着物用のポケッタブルレインコートで完全防備。足元は、足袋に防水スプレーをかけて雨草履をはくか、二枚歯の塗り下駄に雨避けの爪革を装着します。

暑い季節は洗濯のできる麻や綿の着物を。真夏の浴衣なら、足元は素足に厚底のビーチサンダルのこともあります。おしゃれなトングサンダルは、洋服と兼用できるので、リゾート地への旅にも便利。

冬の雨で、着物がカジュアルなら、足袋ソックスにショートブーツをはくことも。その場合、着丈は短めに。ウールのロングカーディガンや化繊のベルベット羽織など、濡れても気にならない防寒着で出かけます。

奥の手として先輩たちから教わったのは、着物の裾をまくり上げて帯の上にクリップで留めるワザ。こうしてレインコートを着て出かければ、着物を濡らすこともなく、屋内について、コートを脱ぐときにクリップをさっと外せば、きれいな姿を見せられるというわけです。

首元、手首、足首、冬は3つの「首」を暖めて

着物は布を重ね、帯を締めるため、冬でも暖かく着られますが、寒さを感じるのが3つの首。
首元と襟足にはショールやマフラーを巻いてカバー。すべて洋服と兼用のものです。大判のストール、キュッと結ぶマフラー、ドレッシーな装いのときには毛皮の衿巻きも。
手首や腕は、それほど寒くなければ普通の手袋でもいいのですが、真冬にはひじまで伸ばせるアームカバーを愛用しています。特に指先が自由に使えるタイプはお財布を出したり、スマートフォンを操作したりするのに着脱の手間がかからずストレスフリーです。
足首は着物のタイプ、その日の出かけ先、草履を脱ぐかどうかなどによって、対策を講じています。いちばん出番が多いのは、裏がネルになった暖かい足袋。これだけで指先も足首も冷たく感じることはありません。それでも寒いときは、内側に肌色のハイソックス型インナーをはいてから足袋を重ねます。階段の上り下りに脚がちらっと見えたとしても、肌色なので安心。この2つでたいていの場所に行けます。冷え症の寒がりさんには、薄いスパッツがいいかもしれません。8分丈など短めのもので色も目立たないベージュなら、万が一見えたとしても、違和感がないでしょう。

裾と足袋、草履は三位一体、きものも履物が大事

「靴を見れば、その人のおしゃれ度がわかる」とは、洋装の世界でよく言われることですが、和装における履物もやはりとても大事。なぜなら、着物の裾と足袋、そして草履は三位一体だからです。

和服できれいに歩いている人に出会うと、裾から八掛がちらっと見え、白い足袋の親指と人差し指の間にぱっと蕾をさしたように前つぼが映え、美しい文様の鼻緒が覗き、その優雅さにうっとり見とれてしまいます。また、椅子に腰掛けると着物の裾が少し上がるので、余計に足元は目立ちます。お手入れを含め、きれいにしておきたい部分です。

私はまず、改まった場でも履ける白っぽいクリーム色のエナメルを1足目として選び、鼻緒や前つぼも同系色にしました。2足目はガンメタリックなエナメルに真田紐の鼻緒、ベージュの前つぼでカジュアルに。この2足があれば、たいていの着物に合わせられました。

今では畳表や夏用のパナマも持っていますが、それらは、靴で例えるならレースアップやストラップパンプスのようなお出かけシューズ。一方、日常ばきとして愛用しているのが木草履で、まるでスニーカーのような存在です。

私は数年前に右足が外反母趾になってしまい、以来、華奢なパンプスが履けなくなりました。でも、草履なら大丈夫、助かっています。

エナメル素材ははクリーム、ガンメタリック、黒の3足。夏用にはパナマ、黒い利休下駄、赤い金魚の鼻緒の下駄。「祇園ない藤」の畳表は通年のおめかし用、「一脇」の木草履はふだんの気楽なお出かけに。かかとの減りは早めに自分で補修している。

羽織は「七難隠す」、おしゃれジャケット

ちょっと肌寒いとき、着物と帯だけでは無防備に感じるとき、羽織があると助かります。私がコートを作ったのはずっと後になってからで、最初に誂えたアウターは羽織でした。「羽織る」という言葉は今では洋装でも当たり前のように使われますが、羽織を軽く肩にかける感じこそ、「羽織るってこういうこと」と実感し、その滑らかさに感動したものです。

洋服で言えば、カーディガンや柔らかなジャケットのようなアイテムなので、室内でも脱ぐ必要がありません。脱がなくてよいので、難を隠すこともできるわけです。コーディネートがイマイチなとき、着物や帯の面積を減らしてくれるのでバランスが取りやすくなります。着付けがうまくいかなかったときも、羽織でカバー。生地が1枚、ひもが1本増えるのですから、帯周りを盛ることにつながって華やかに。半幅帯や銀座結びにも似合います。秋冬もおしゃれですが、初夏の透ける紗羽織は着物をワンランク引き上げてくれます。と、いいことばかり。ただ、礼装には向かないので、あくまでも街着として楽しみましょう。

羽織が何より素敵なのは、着姿を女性らしく見せてくれることです。首、肩、腕にかけての流れるようなライン、背中の帯の膨らみからストンと落ちるシルエットは、羽織だからこそ作れるたおやかなかたちだと思います。

初めてオークションで落札した格安結城紬に、飛び柄の縮緬羽織、同系色のコーディネートは落ち着く。

和服に似合う髪型探し

まとめ髪に憧れて、ショートからロングへ

最初にきものを着たとき、私はベリーショートでした。友人には「髪を作らなくていいから時短になっていいわね」と言われましたが、やはりセミロングをお団子に結ったり、夜会巻きにしたり、ルーズにまとめて簪を挿したりすることに憧れました。

30年ぶりに結べる長さに伸ばした髪。うれしくはあるものの、長い髪に不慣れなので、ヘアスタイルを作るのに時間がかかるようになりました。どうしたものか？　そこでYouTubeで髪型を検索。そこで見つけたのが「客室乗務員が教える簡単夜会巻き」や「1分でできるまとめ髪」などという動画です。まずは夜会巻きが3分でできるように練習しました。美容室で相談し、まとめやすくするためにデジタルパーマをかけてもらうようにもなりました。

次に「くるりんぱ」という道具をドラッグストアで買い、それを使って束ねた髪を2回くるりんぱで根元に通し、毛先をクリップで留めてみました。これなら1分でまとめられます。そんなふうにして、長い髪でもインスタントにまとめる方法を身につけました。

もちろん乱れなく和髪を結う方に比べたら、なんともお粗末ですが、ふだんの街着ならぎりぎり許せるレベルにはなったと思います。

クリップやシュシュなどのヘア小物は「acca」がお気に入り。草木染めの簪は「京空間 mayuko」のもの。ピンクの器具が「くるりんぱ」。

浅草の「よのや櫛舗」で買ったつげの櫛は10年経っていい色に。髪にもつげの櫛にも椿油がよいと聞いて、以来、日本各地の椿油を愛用。

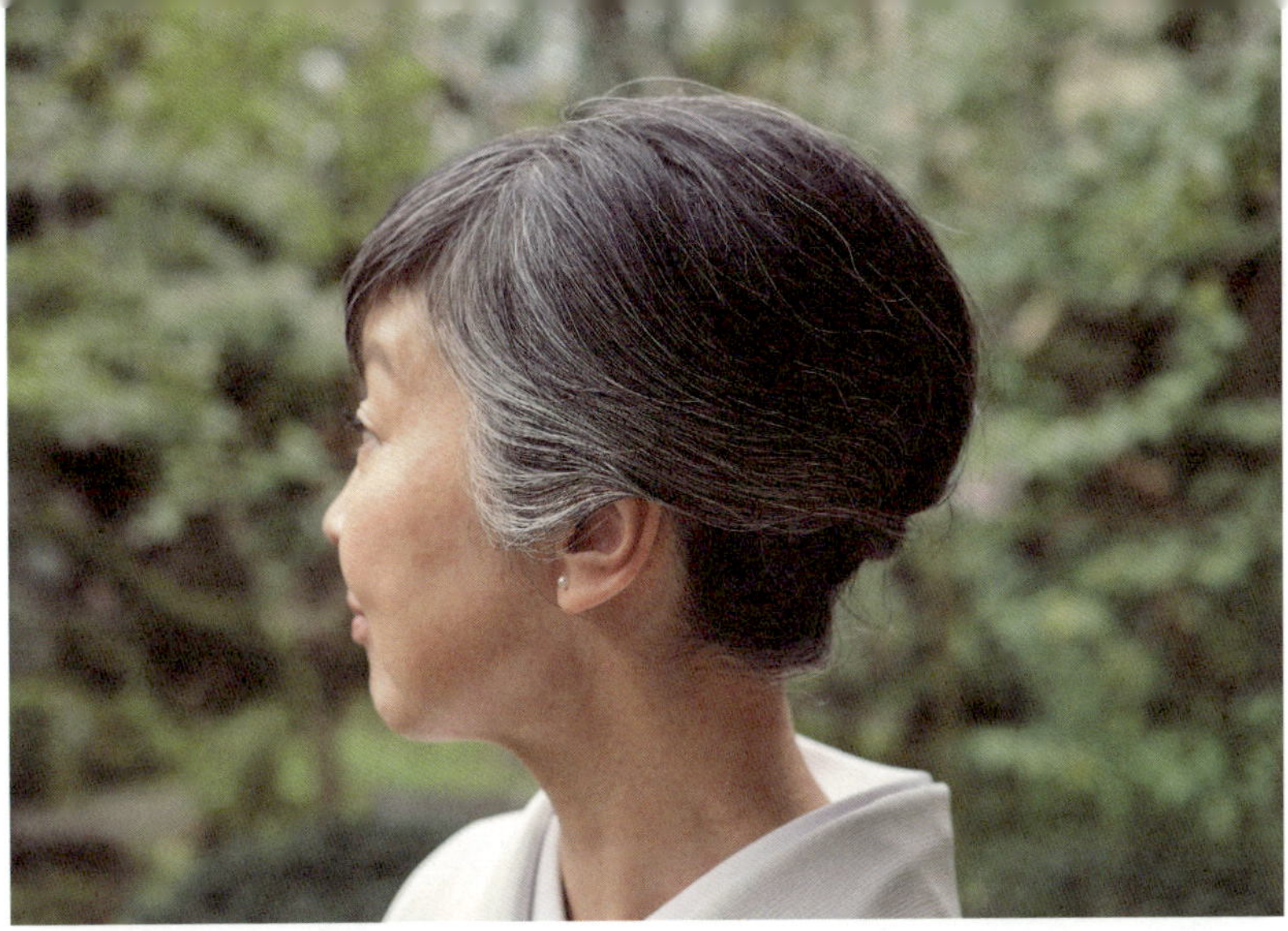

セレモニーの日は、髪を巻いてボリュームアップ。アホ毛が出ないように、ヘアスプレーを使用。

上・ふだんはお団子にしてピンやクリップで留めるだけ。これなら1分でできる。左上・寒い季節にはミンクのシュシュで温かみを加えて。左・家で過ごす日は、ひとつ結びにして垂らしておく。

2015年夏の高校の同窓会で。重めの前髪で、マッシュルームっぽいショートだったころ。

2014年冬。雑誌『クウネル』の撮影合間のスナップ。前髪を伸ばして、ワンレングスのショートボブに。

2013年冬。デザイナーの大橋利枝子さんに一式借りて、着付けてもらい、初めてきもので出かけた日。

2014年秋。雑誌『エクラ』12月号のきもの特集に出たときは、後ろは短く衿足は刈り上げていた。

ご近所や旅の途中では、ダウンスタイルも

　アップにして衿足をすっきり見せるだけでなく、気楽な浴衣や、家できもので過ごす日などは、後ろでひとつに結んだり、編み込みをして垂らしたりします。ヘアメークアップアーティストの友人はダウンスタイルを褒めてくれました。曰く「昔勤めていた美容室には、毎日和装で髪をセットしにくるお客様たちがいて、その中にひとり、髪をおろしていた人がいたけれど、すごくおしゃれだったよ。そういう髪型もアリだと思う」と。きもの＝アップというルールがあるわけではないのだから、TPOを踏まえて柔軟に考えてもよいのかもしれません。

　私は和装で旅をすることが時々ありますが、そういうときにも髪をひとつに結んで垂らします。後頭部を背にもたせて、足を伸ばせば、仮眠がとりやすく移動の疲れも軽減。その一方で、いずれ機会があれば、ちょっとフォーマルな席に似合う和髪も習ってみたいと思っています。

白髪が待ち遠しいのもきもののおかげ

　さて、あと残る問題は髪の色でしょうか。年齢とともに、少しずつ白髪が増えました。染めるという選択もあるのでしょうが、きものなら白髪混じりでも違和感はないので、そのままにしています。

　私は『つるとはな』という不定期刊の雑誌の立ち上げから、「白髪のシニヨン」「白髪のカップル」など、白髪シリーズの企画を担当してきました。人生の先輩たちのナチュラルな白髪は本当に豊かで、こんな風になれたらいいなあと憧れたものです。

　それから数年が経ち、今では「グレーヘア」がブームに。加齢を素直に受け止め、白髪をおしゃれに生かす素敵な人たちが増えたことも、背中を押してくれています。

　私は今、早く白くならないかなあと待ち遠しいくらいです。髪が全体的に白くなったら、真っ赤な口紅を差し、地味な紬に赤いバティックの帯を合わせたい。そんなおばあさんになれたらいいなあと夢見ます。

第三章

もっとラクに自由に楽しもう

きものにある程度慣れてくると、もっと簡単に着られたらいいのになあ？　もっと安くお手入れできないかしら？　と欲が出てきます。私も何とかならないだろうかと、時短と節約の方法を模索してきました。書籍も買い、ネットでも調べ、インスタグラムからも役に立つ情報を得てきました。

草履のかかとの減りは補修セットでトンカチし、綿や麻の着物はスラックス用のネットに入れて洗濯、うそつき衿づくりのワークショップにも参加。失敗しても誰かに迷惑をかけるわけじゃない、まずは何でも自分でやってみようと実験、実践してきました。幸いなことに、今のところ困った事件には至っていません。

なるべくラクしてリーズナブルに、そしてもっと自由に。きものだからと難しく考えることなどありません。あまねく面白がることができたら、きものはもう、愛すべき自分の相棒なのです。

着ることが、最良のお手入れです

よく「着物はお手入れが大変でしょう？　クリーニング代も高いし」「衣替えのときの虫干しが面倒じゃない？」「押入れにしまっておいたら、カビが生えてたのよ」……。着物は好き、持っている、でもね。となる人の多くは、出し入れやお手入れの面倒を理由に挙げます。

私の拙い経験から言えることがひとつあるとすれば、「着ること、すなわちお手入れ」ということ。しまいっぱなしにせず、シーズンごとに着れば、そのつど風を通すことになり、わざわざの虫干しは不要。着る前に点検し、着た後にお手入れしながらチェックすれば、食べこぼしのシミにも気がつき、その時点でケアすれば大事には至りません。

悉皆に出し丸洗いしてもらうとします。例えばその代金が３０００円だとしましょう。１回着用でも10回着用でも、同じ３０００円なのです。10回着て、１回につき３００円かかるのなら納得がいきますが、１回だけで３０００円だなんて、出したくありません。

着物は初期投資だけでなく、ランニングコストもかかると考えると、やはり少なく持って頻繁に着るか、自分でお手入れするしかないという結論に至ったのです。

一日家で仕事をするときに着ることも。自分のために、頑張りたいときにもきものはパワーをくれる。

お手入れはなるべく自分の手で、小さなことには目をつぶる寛容さも必要

それは洋服も同じで、長く着ていればシミもできるし、生地も弱ります。でも、着物だけにある特権は、洗い張りができるということ。いったん縫い糸を解いて1枚の布に戻し、水を通してきれいに洗い、再びコンディションの良い布に戻して仕立て直すことが可能。ですから、高価な洋服以上に慎重になる必要はないと思うのです。

私は綿と麻の着物は自分で洗いますし、絹の長襦袢も手洗いしています。そそっかしいので食べこぼしはしょっちゅう。翌日チェックして、着物のシミに気づいたときは「あーあ、これはワイン」「うわっ、これ唐揚げの油じみだ」などと前夜の食事を思い返し、リグロインでシミ抜きしたり、水に溶かした中性洗剤で叩いたり、そのつどケアしています。

もちろんプロではないので、慎重に叩いた結果、輪ジミになることもありますが、それは至近距離で、失敗の覚えのある自分が見るから気になるのであって、1メートル離れた他人は気づきません。白地の着物に赤ワインをぶちまけたのでない限り、小さなシミにくよくよしたって仕方ありません。

売買やコレクションを目的にしているならともかく、自分が着ることが第一義なら、すべてのことは大目にみればいいと思います。

右上・ちょっとしたほつれは絹糸でチクチク。中上・足袋は底をウタマロ石鹸と足袋ブラシでこすり、ネットに入れて洗濯機洗い。

左上・草履のかかとが減ってきたら、「ひらいや」のかかと修理キットで、メンテナンス。

右下・食べこぼしなどのスポット汚れは、裏にタオルをあて、「内藤商店」のシミ抜きブラシにリグロインを含ませて、トントン叩く。

左下・洗える着物は、スラックス用のネットに入れて洗濯機へ。脱水は15秒で止める。

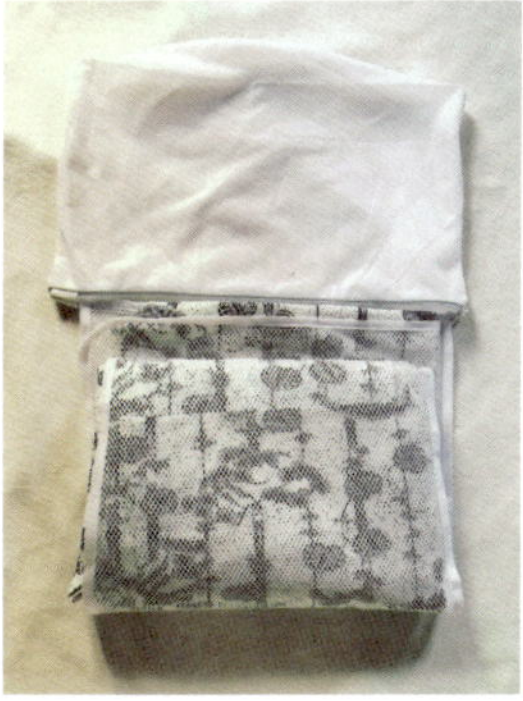

旅先できものを着るときの準備と荷造り

行き先と目的によって旅のワードローブは変わりますが、着物も帯も四角くペタンコに畳めるというのが荷造りの利点です。私は携帯たとう紙に、着物と帯、帯揚げ、帯締めを収納してトランクに入れて出かけます。長襦袢は持たず、うそつき下着に付け衿と付け袖（P131）。あとは履物と足袋、帯枕、帯板、ひもとクリップです。

旅では移動も多く、たくさん歩くので、汚れが目立たない濃い色や洗える着物を選び、帯はなるべく軽いものにします。特に大島紬は軽くてシワになりにくく、雨にも強いので重宝。綿の着物も洗える安心感がありますし、ポリエステル素材もおすすめです。私は帯が重いのが苦手なので、候補になる帯は全部キッチンスケールで測って、なるべく軽いものを準備します。

きもので出かけるのなら心配ないのですが、洋服で出発する場合の荷造りは、うっかり忘れ物をすることがあるので要注意。友人は、ありとあらゆる小物を予備まで入れたのに、なんと草履を入れ忘れて旅先で真っ青になりました。意外に大きなものを失念することがあるので気をつけて。

何日か着るときは、半衿を2枚縫い付けておき、汚れたら1枚取り外すこともあります。ピンチに備え、安全ピンも忍ばせて。荷物は最小限、着回しは最大限になるように心がけています。

着物と帯、帯揚げ、帯締めは、携帯たとう紙にのせて、三つ折りに畳む。下着や足袋、小物類はポーチや布で整理。

旅にはグローブトロッターのトロリーを愛用。国内は18インチ、海外は21インチで。

帯地や羽織の余り布は、バッグや小物にも

帯や羽織を仕立てたとき、布が余ることがあります。お裁縫が得意な人なら、数寄屋袋を作ったり、テーブルウエアを縫ったりと、いろんなハンドメイドの楽しみがあることでしょう。

私はある程度の布が残ったら、バッグに仕立ててもらっています。紙布帯の残りは『銀座もとじ』の提案で、Ａ４ファイルが入るサイズの手提げにしてもらいました。カジュアルな素材感で、ノートや辞書も入るしっかりした作りなので、仕事や勉強のときによく提げます。

もうひとつは縮緬の羽織の残り布。「ショールにするといいですよ」と勧められましたが、そのときには決断できず、いずれ何かにしようと思いながら、４年ほど放ってありました。昨年秋、お茶のお稽古に通い始めるようになり、「もしかしたら数寄屋袋か利休バッグになるかもしれない」と、『こまもの玖』へ。布を測ってもらったら、それなりの大きさに仕立てられることがわかり、仕事にもお稽古にも使える機能的な和装バッグを作っていただきました。まだ残っているので、いずれ数寄屋袋にする予定です。

私は基本的に和装専用のバッグは買いませんが、こんなふうに布が余ったときだけは特別。小物に活かしたいと思います。

シンプルな格子の紙布は、和装色がそれほど強くないので、洋服のときのバッグとの２つ持ちもできて重宝。

飛び柄のあしらい方もバランスがよく、使いやすいバッグが完成。お揃いで持つことも。

ジュエリーから陶器のかけらまで、帯留めは遊び心を生かして

体の真ん中、帯の上に帯留めを飾るのは、心愉しいおしゃれです。帯の波の模様に帯留めの魚を泳がせてみたり、季節の花や葉っぱで彩りを添えたり、縁起物をあしらったり。そこに思いを込め、季節感を演出し、遊び心を加えることができます。便利なパーツを使えば、ブローチなどのアクセサリーも帯留めに早変わり。何気なく入った雑貨店で「あ、これ、帯留めになるかも」と思い、箸置きを買って帰ったこともあります。

「アンティークフェアで見つけたスリップウエアのかけらの裏に、ひもを通すパーツをつけてもらったの」と、陶片の帯留めを作ったのは、モデルの黒田知永子さん。私の帯に似合いそうだと2個プレゼントしてくれましたが、その言葉通り、織りのカジュアルな帯のアクセントとして大活躍。

昨年は思い切って、2つの指輪を帯留めにリメイクしてもらいました。亡き父が母に贈った婚約指輪のルビーは、ゴールドを使ってベビーパールで囲み可愛く、夫からもらったリングのバロックパールは、ローレル模様を彫ったシルバーの中にセットして端整に。ふだん身につける習慣がないので、宝の持ち腐れになっていた指輪が、ゴージャスな帯留めになり、飾るたびに喜びが湧いてきます。

陶片の帯留めは「それは何？」とよく聞かれる。すごい価値があるものと勘違いされることも。さすが知永子さん！

夫の許可を得て作り直したバロックパールの帯留め。素材やデザインを吟味する時間も楽しかった。

染めたりリメイクしたり、ときには半衿にも変化球

きものを着始めたころは、なんでも「絹」が最良最高なのだと思い込み、半衿も袷用の塩瀬、単衣の楊柳、夏の駒絽を揃え、半衿付け講座にも通いました。ポリエステルを導入した今でも、絹の半衿をすると「ああ、やっぱり艶があって、肌触りが優しいなあ」と思います。

でも、汗や皮脂で汚れる絹の半衿は、手洗いしてもなかなかきれいにならず、洗って干してを繰り返すうちに黄ばんできました。そのまま付け替えるにはみすぼらしいし、かといって捨てるのも忍びない。「そうだ、ちょっと染めてみよう」と、『ダイロン』のマルチ染料を使って台所で染めてみました。これが肌馴染みのよいオークルピンクになり、今でも衿元をやわらかくしたいときに付けています。

夏のカジュアルな着物には、キッチンリネンをリメイクした付け衿を使うことも。刺繍が施された部分が左に覗くように着ると、木綿や麻のふだん着にほっこりしたニュアンスが生まれます。

白といっても青みがかっていたり、生成りっぽかったり、素材の質感でさまざま。私は洗濯が簡単なポリエステルの白を基本にしていますが、時々は風合いのよい天然繊維や、色のかかったものも使ってみます。すると、半衿がどれほど顔の印象を左右するのかが、改めて実感できるのです。

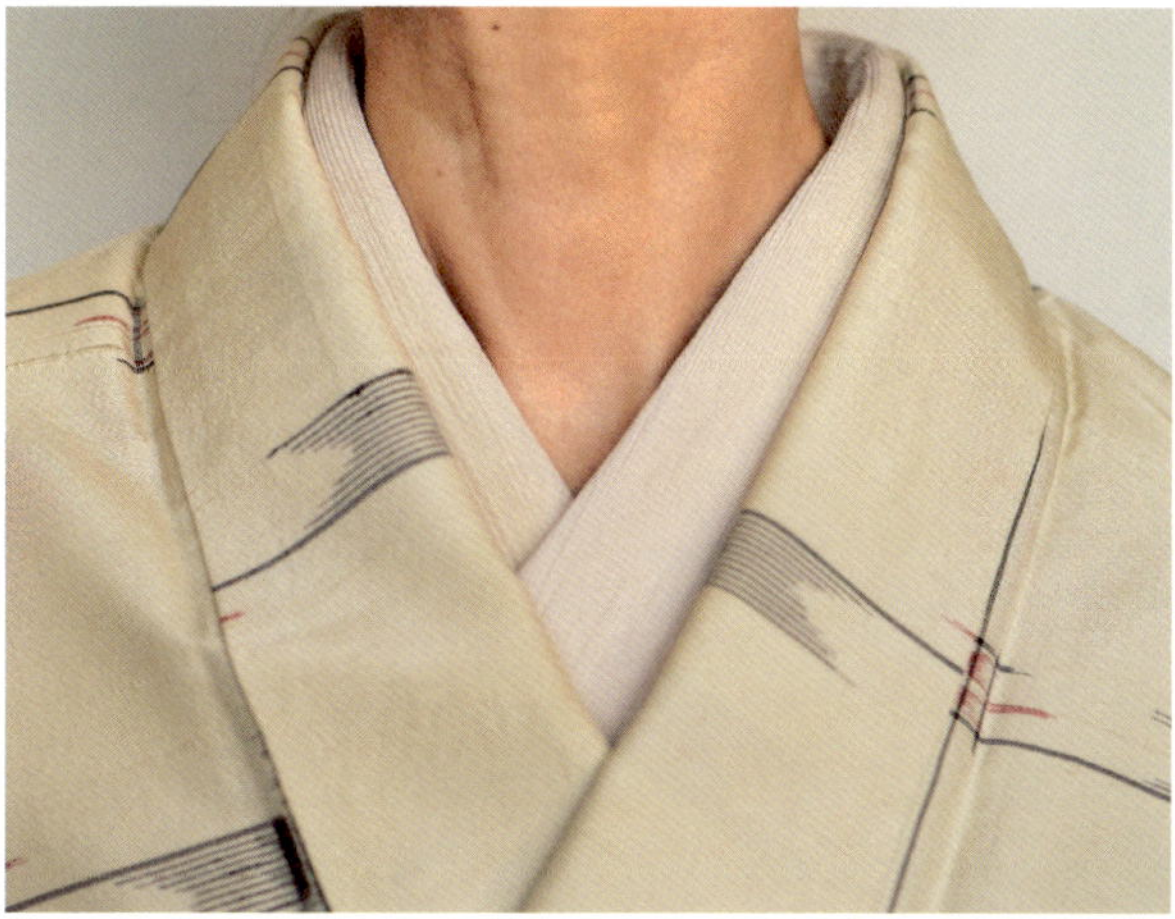

黄ばんでしまった絹の白い半衿は、染めを施してリメイク。いずれは濃い色にさらに染め替えるつもり。

リネンのキッチンクロスを使った夏用のうそつき衿は、「日本刺繍　露草」の三原佳子さんのワークショップで製作。

水仕事も揚げ物も、割烹着があればへっちゃら

お出かけのときだけでなく、私は家で過ごす日も、時々気分転換にきものを着ます。たまにお客様をもてなすことがありますが、そんな日も。

着物、特に絹地は水が大敵。糸に撚りをかけた縮緬やお召などは特に水に弱いので、ごはんの支度や洗い物をするときは色の濃い大島紬や綿着物を選び、その上に割烹着を着ます。

白い綿麻の割烹着は『中川政七商店』のもので、しっかりした生地が着物を守

綿着物にメルカリで2000円だった半幅帯を貝の口に結び、割烹着を着れば、怯まず天ぷらも揚げられる。

ってくれます。これさえあれば揚げ物も平気。何度もフライや春巻き、唐揚げをしましたが、着物に油はねが浸みたことはありません。

もう1枚は『たかはしきもの工房』のロング活動着。こちらは割烹着よりもエプロン感がなく、前開きのデザインなので、部屋着やガウンとしても着ています。着替えの途中で、宅急便が届くことがあるのですが、そんなときもこれを羽織ってしまえば、玄関先で荷物を受け取るくらいはセーフ。椅子に座ったときも膝下まで覆われているので、食べこぼしなどの、うっかり汚れを防いでくれます。こんな色とデザインの上っ張りなら、いちいち脱がなくても近所のコンビニまで行けるかしら？　と、思っています。

パフスリーブの袖や、裾すぼまりのデザインが秀逸な上っぱりがあれば、水仕事も怖くない。

付け帯にするという選択も、賢いことかもしれません

私はずっと袋帯を持っていませんでしたが、必要があり、最近になってひとつ手に入れました。リサイクル品ではあるけれど、ほとんど使用感がないそれは、二部式の付け帯でした。付け帯が欲しかったわけではないけれど、たまたま気に入ったものが二部式だったのです。呉服店の大女将さんによると、「家がお商売をしていたり、芸事のお師匠さんだったりすると、手早く着なくてはいけないでしょう？　昔は最初から付け帯にする方もいらっしゃいました」とのこと。

その帯をする日は集合時間が早く、家を7時半に出なくてはいけませんでしたが、初めての袋帯が苦労せずに締められたのも付け帯のおかげ。それ以来、抵抗感がなくなりました。

その後、知り合いから、切らずに縫い止めたタイプの付け帯と、二部式をいただきました。ラクですし、着こなし上、なんの遜色もありません。

自分なりの工夫で帯結びする楽しみは失われるけれど、付け帯だからランクが劣るということもないでしょう。臨機応変に使い分ける、日常的に着るために使う、たまにしか着ないし帯結びが苦手なので、年齢的に帯結びが辛くなって……。いろんなケースがあると思いますが、付け帯も悪くないなあと思い始めています。

おさがりの色無地に合わせた初めての袋帯。
ほかの晴れ着にも使えるように、「あら船」の大女将に見立ててもらった。

洗える
うそつき襦袢と
付け衿、
付け袖で
いつも清潔に

着物を着て気になるのは、クリーニングのこと。着物の外側はほこり、うっかりの食べこぼし、衿につくファンデーション、袖口と裾の擦れ汚れがおもなところでしょうか。特別なやらかし汚れがなければ、衣替えのときにどんなお手入れをするか見極めればいいと思います。

着るたびに体の汗ばみ、衿や首周りの皮脂汚れが沈着しがちなのが長襦袢です。すぐに洗濯機に放り込みたくなりますが、絹の襦袢はそういうわけにいきません。せめて、外した半衿を洗う、汗ばんだところは水霧吹きをかけて汗を飛ばす程度のお手入れしかできません。若い人たちは特に、着たらすぐに洗う習慣が身についていますから、着物はともかく、長襦袢が気軽に洗えないのは辛いのではないでしょうか。

その点、「うそつき」と呼ばれる襦袢、付け衿、付け袖があれば、汚れ具合によってパーツごとに洗濯機で洗えます。ネットに入れて普通に洗えば、いつもさっぱり。私が愛用しているのは『たかはしきもの工房』のうそつきです。「満点」シリーズは、スリップ、肌襦袢や裾よけもサイズ展開がきめ細かく、汗や生理中の汚れなどから着物を守るために、部分的に防水布が使われています。これに付け衿と付け袖があれば、外から見る限り立派な長襦袢。特に、汗をかきやすい季節は出番が多くなります。

「満点スリップ」に「うそつき衿」を装着し、マジックテープで「うそつき袖」を付けるとこんなふうに。

季節に合わせた手ぬぐいは、多目的に使える優秀布

きものを着る前から手ぬぐいが大好きで、美術展、落語会、旅先などで記念に買ったり、ショップや友人にいただいたりするうちに、ずいぶん増えました。夏にはスイカ、秋には菊、12月はクリスマス、今年の初めは干支のイノシシ、上野にはパンダ……。季節や行き先、着物の色柄に合わせて、今日はこれにしようと手ぬぐいを選ぶのも楽しみのひとつになりました。

ごはんを食べるときも、手ぬぐいを広げれば、衿元から膝までカバーでき、簡単なナプキンがわりになります。二つ折りにして帯上に挟めば、コーヒーや水がちょっとこぼれたときにも、帯やお腹を守ってくれます。夏の日差しが暑いときは首の後ろにふわっとかけて日よけにしたり、出先でペットボトルを出されたときにはくるりと巻いて水滴を吸い取ったり。いただきものを包んで小さな風呂敷がわりにすることも。

フォーマルな場所では汕頭刺繍の白いハンカチを持ちますが、それ以外は断然手ぬぐい派。何よりその歴史は奈良、平安ともいわれ、江戸時代には庶民の布としてさまざまに使われてきたのですから、きものとの相性は悪いわけがありません。

洗って干して、糸がほつれたら切って。そのうち生地が柔らかくなり、色も褪せてきますが、それこそが手ぬぐいの味です。

スイカと女の子は、友だちから。「三人吉三」は歌舞伎の記念。イノシシは高校の後輩、牧野伊三夫による画。

きものを着る日、支度と時間割

3つの系統によって、時間割も違います

私の中では大まかに3種類のきものがあります。「気合系」と「気軽系」と「家系」です。

「気合系」は、お茶会やパーティーなど、ホテルのバンケットルームで行われるような出欠の案内状がくるお席。また、華やかなコンサートなど、セミフォーマルの範疇のイベントです。

「気軽系」はライブ、落語、展覧会、お稽古ごと、花見、友達との会食、仕事の打ち上げ、忘年会、送別会、同窓会など。レストランで行われる集まりが主で、格式は求められないけれど、それなりにおしゃれしたいお出かけ。

「家系」は近所でごはん、お祭りに、地元で納涼会、家の中で着るなど、徒歩圏内で着る場合。メンバーも家族や近所の友だちです。

「気合系」は着るものだけでなく、バッグやコート、衿巻きまでトータルでコーディネートを考えて準備し、予習として家で着てみることもあります。着物も付け下げや色無地、江戸小紋になりますので、2日前には出してシワがあればアイロンをかけ、フォーマル用の長襦袢にきれいな半衿を縫い付けます。足袋も新しいものにし、場合によっては美容室の予約を入れなくてはなりません。

「気軽系」は前日や当日の朝に気分で決めます。気温や天気、集まる人たちの顔ぶれ、趣旨、行き先や店の雰囲気、ごはんを食べるなら和洋中のジャンル、行き帰りの交通手段なども考慮に入れ、紬、小紋、付け下げの外出着と帯の組み合わせを決め、小物も選んでおきます。

私は二十四節気七十二候の暦を見るのが好きなので、その日が旧暦でどんな時候かをチェックして、着物や帯を選ぶこともあります。2月は梅の花の着物を着るほか、初候は東風解凍（はるかぜこおりをとく）にちなみ、オレンジ色の氷割れのすくい帯を締めたりもし

ます。暦を見るとそこからヒントを得られることも。

「家系」はまさにその日の成り行き。仕事の気分転換に午後気ままに着ることもあれば、夕方になって「今日は焼き鳥でも食べに行こうよ」と、サクッと浴衣に着替えて出かけることも。

着付けの時間には余裕を持たせ、気合系は25分、気軽系は20分、家系は15分とっています。

時には、着付けのブラッシュアップも

着付けというのは、最初に習った方法が刷り込まれて、そこからなかなか脱却できないものです。私も3年ほどは、着付け教室で習ったことを忠実に守り、下着や小道具も変えませんでした。

最近は機会があれば、呉服店で行われる着付けの講座や、帯結びのレッスンにも出かけます。インスタグラムでいつも拝見している先生に教わりたくて、名古屋までレッスンを受けにも行きました。

コーリンベルト、すずろベルト、マジックベルト、メッシュ帯板……いま、着付けに使う道具はさまざまで、素材もどんどん進化しています。そういった便利な道具も利用しながら、着付けも自分なりに工夫すればいいと思います。

特に夏の着付けは、ひも1本でも少なく着ることが暑さを軽減します。私は最初こそ、博多織の伊達締めを使っていましたが、やがてマジックテープで留めるメッシュタイプに切り替え、その気軽さと涼しさから、オールシーズン使うようになりました。

そして、雑誌の撮影でお世話になっている着付けの石山美津江さんには、「なんでも自分に合うように作ればいいのよ」と、お手製の腰パットや胸パットを見せていただきました。タオルや不織布にひもやゴム、テープを縫い付けた補整グッズは、肌当たりがよく、調整も簡単。帯板も市販のものは使わず、厚紙や100均のランチョンマットなどを、帯に合わせて切って使っていらっしゃいます。

着物や帯はもとより、小道具に至るまで「むやみにいじるのはいけないのではないか」と思っていましたが、快適な方法を見つけるために、今ではちょっと切ったり縫ったりしています。

着る前の準備

着物は着物ハンガーにかけ、もし気になるシワがある場合はスチーマーやアイロンで手当てします。帯は蛇腹に畳んで、帯板、帯揚げと帯締めを載せておきます。ひもやクリップ、伊達締め、帯枕などの小物もカゴに入れ、すぐに使えるよう手元に置いて。草履、バッグ、ストールやコートなども着る前に出しておきます。

ヘアスタイルを作り、メイクをするときは、被りではなく前開きの服で。ヘアとメイクが終わったら、手をきれいに洗って化粧品の油分や汚れを落とします。

五角形に畳んだひもをほどき、椅子の背や姿見の角にかけたら、下着や足袋を装着し、自作のきもの用アロマパフュームはこの時点で吹き付けます。補整を済ませ、長襦袢、着物を着ていきます。

帰ってきたらすること

帰宅後はすぐに脱いで、着物と帯は着物ハンガーに、長襦袢は洋服ハンガーにかけて風通しのよい場所で陰干し。帯締め、帯揚げ、ひもや帯枕、帯板などは姿見や椅子にかけて、湿気を飛ばします。

その日、あるいは翌日に、綿や麻、糸に撚りをかけていない紬のシワはスチーマーを浮かしてかけ、小紋や付け下げ、シボのある着物は当て布をして軽くアイロンを当て、シミや汚れがないかチェックします。

食べこぼし、化粧品汚れ、汗じみ、泥はねなど、汚れはその種類と着物の生地によって水霧吹き、中性洗剤を溶かしたもの、リグロインなどで手当て。迷ったときは何もせず、専門家に相談するのが早道です。よく乾かした着物や帯は、畳んでたとう紙に包み、収納場所に戻します。

長襦袢は半衿の汚れ具合を見て、汚れていたら外して洗濯しますが、そのつどでは大変ですから、私は古歯ブラシで部分洗いして何回か使っています。前述した「うそつき衿」の場合は、えりそで用洗剤をつけて、そのままネットに入れて洗濯できるので、やはり汗ばむ季節は重宝です。長襦袢は畳んでしまわず、いつでも着られるようにハンガーにかけています。

きものを着る日の時間割

前日

13:00

コーディネートを考える

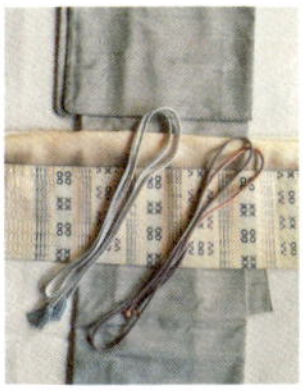

14:00

着るものが決まったら、ハンガーにかけてシワのチェック

15:00

小物類はカゴに。バッグや草履なども出しておく

当日

10:15

髪をまとめ、メイクする

10:30

着付け開始

11:00 **外出**

友達とランチ
その後、打ち合わせへ

18:00 **帰宅**

すぐに脱いでハンガーにかけ、小物類も風を通す

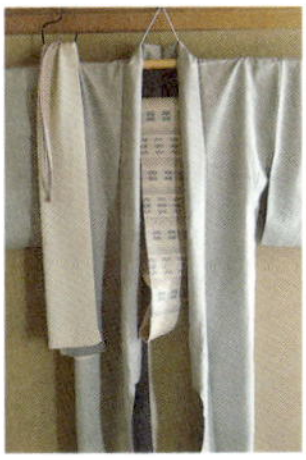

翌日以降

9:00

汚れがないかチェックし、シワが気になるときはスチーマーかアイロンで手当て。場合によってはシミ抜きを施し、そのまま数時間陰干し

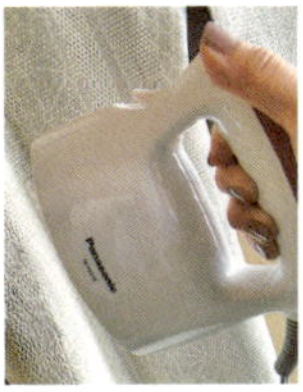

15:00

カシミアや着物にも使えるやわらかなブラシで、ホコリを取り、畳んでしまう

ちょっとした工夫でストレスを軽減

◎ひも類には真ん中に簡単な刺繍をして目印をつけておき、長すぎるひもは少し切って使いやすく。

◎夏の暑い日には、足袋や下着に冷感スプレーを吹きかけてから着る。汗拭きも冷んやりタイプのシートが便利。

◎袖から長襦袢が出る場合は、内側に折り込み両面テープで留めて。

◎帯揚げが長いときは、帯枕に巻くときに真ん中で重ねてヘアゴムで留め、長さを調整。

◎帯留めの金具の幅が広くて緩いときには、金具の部分に手芸用フェルトを切って挟み込んで。帯留めの金具の形状によっては、シリコンのヘア用輪ゴムで金具と帯締めを8の字に結んで留めることも。

◎下着はお尻のラインが表に響かないよう、トイレのときてこずらないように、ローライズのボクサータイプを愛用。

シーズンごとの衣替え

洋服も同じだと思いますが、現代の気候では「はい、今日衣替えしましょう」という日にちが見つかりません。学校や企業の制服も、ルーズになっています。

私の着物収納は、4段の桐だんすと、着物がたとう紙ごと入る押入れ収納用プラスチックケース2個。桐だんすはオンシーズン用、プラケースはオフシーズン用です。寒い時期ならプラケースひとつには単衣、もうひとつには夏着物が入っています。逆に暑くなると、そのふたつに袷と羽織やコートを入れます。その入れ替えのタイミングで、悉皆に出すかどうか見極めます。

5月6月、9月10月あたりの桐だんすには、軽い袷と単衣が同居していますが、引き出しごとに分類し、今着るものだけがたんすに適量収まるよう心がけています。1枚桐だんすに入れたら、1枚はプラケースへ。着物の引越しが増えるシーズン切り替えのときには、「これはもうちょっと回数着てから丸洗いへ」「これは着用回数も少なく汚れもないので、自分でお手入れして、もう着ずに来年まで寝かせよう」などと、自分なりの計算もしながら……。

そうやって衣替えを少しずつやっていけば、1着ごとにチェックしながら風を通す機会ができ、それが虫干しになります。枚数が少なければ、お手入れもラクになります。

クリーニングの方法と特徴

◎シミ抜き
部分的に付いた水ジミ、食べこぼしなどを落とす。シミの種類、大きさ、数によって金額が変わる。

◎汗抜き
特に単衣や夏着物は、放っておくと汗ジミに。たくさん着て汗をかいた絹ものはシーズンオフに汗抜きに出そう。汗抜きでは油性の汚れは落とせないので注意。

◎丸洗い
着物専用のドライクリーニング。皮脂やファンデーション、袖口や裾の黒ずみなどはきれいになり、布目も整うので、たくさん着て汚れが気になる袷は丸洗いへ。汗など水性の汚れは、丸洗いでは落ちないので気をつけて。

◎洗い張り
着物を解いて、反物の状態にしてから洗剤を使って水で洗う。汚れが落ち生地が生き返る。仕立て直しが必要なので、年数を経てくたびれた着物を蘇らせたいときに。

帯の収納

4年前、引越しをする友人から「祖母の代からの桐だんすをもらってくれない?」と譲られたときは、そのたんすだけで着物も帯もすべてが収納でき、余裕さえありましたが、今ではそうもいきません。帯だけでも分けられたらと思い、今年の冬、思い切って帯だんすを買いました。

いま12段のうち帯が入っているのは8段。フォーマル用、夏の帯、更紗系、染め帯、織り帯、季節限定帯などに分けています。上4段に帯締め、帯揚げ、帯留め、裁縫箱や数寄屋袋、風呂敷、手ぬぐいなどを。このたんすに収まらなくなったときは、断捨離です。

小物の収納

帯揚げは夏冬合わせて20枚、帯締めも20本、三分ひもが10本ですから、場所はとりません。

足袋は箱にざっくり入れて引き出しに。ただしヘタリ具合によって1軍と2軍に分け、予備としていつも新品の足袋をストック。何足かまとめて洗濯すると、どれとどれが対かわからなくなるので、こはぜの内側に油性マジックでマークをつけておきます。

帯締め、帯揚げ、帯留めはコーディネートを考えるときにあれこれ試し置きすることも多いので、パッと見て、さっと手に取れて、すぐにしまえることが、収納のポイントです。

帯揚げは半分に折ってを繰り返し、引き出しにふんわりと並べるだけ。フォーマル用、夏用は奥に入れ、あとはなんとなく色の系統別に。時々、アイロンの余熱でシワを伸ばして手入れする。

帯締めは1本ずつ「房州しつけ」という透明な房カバーでまとめ、それをシューズボックスに入れて収納。三分ひもは、くくらずカゴに。帯留めは保護のために、買ったときの箱に入れておく。

おわりに

どこに何を着て出かけたか、コーディネートを記録するために、2016年の暮れにインスタグラムを始めました。以来、スマートフォンの画面を通して、きものを愛する多くの人たち、作り手さん、呉服店の方々と出会ってきました。そこは「生きた実例」「役に立つ情報」の宝庫。きれいな着こなし、センスのよい取り合わせ、楽しいアイデアのほとんどを、私はインスタグラムから学んだといっても過言ではありません。何人かの方たちとは実際にお会いして、交流を深めています。

2018年のゴールデンウィーク、銀座のギャラリーで、ひとりの女性から「ヤマサキさんですか?」と声をかけられました。「さっきインスタでコーディネートを見たばかりで、ご本人が目の前に現れてびっくりしました」と。その方は、きものの本を何冊も手がけている敏腕ライターのおおいしれいこさんでした。以前私は、『身軽に暮らす』という本で取材を受けたことがあるのですが、その本のライター、石川理恵さんとも親しいとのことで、後日3人でごはんを食べたのです。そこでの雑談とふたりの応援がきっかけになり、本の企画がスタートしました。

『身軽に暮らす』の編集者、秋山絵美さんが今回も担当、装丁は以前に2冊、一緒に本を作ったことのある渡部浩美さん、写真を撮ってくれた森本美絵さんは、私をきものの世界に導いてくれた張本人でもあります。雑誌の着物ページでいつもお世話になっている着付けの石山美津江さんとヘアメイクの福沢京子さんにも心強いサポートをいただき、信頼できるスタッフに囲まれて、楽しい撮影でした。インスタグラムの画像は、写真上手な友人やカメラマンが撮ってくれたことも。皆さんに感謝いたします。

平成から令和へ、来年はオリンピックの開催も控えています。古風な非日常の伝統としてではなく、世界に誇れる素敵なおしゃれスタイルとして、きものが見直されますように。

ショップリスト

＊実店舗を持つ着物関連ショップのみ掲載

銀座もとじ和染・和織

都会的で洗練された着物や帯に定評が。店主の出身である奄美大島の紬は種類も豊富で見応えが。毎月開催される作家のトーク会や、季節のイベントもあり、作り手とお客様をつないでくれる。
東京都中央区銀座4-8-12
和染 03-3538-3888
和織 03-3538-7878
https://www.motoji.co.jp/

花想容

目白の呉服店は閉じて移転。現在は、イベント時のみオープン。悉皆や「一脇」「和工房あき」の企画展など、スケジュールはホームページに掲載。
東京都文京区本郷1-25-5
見学ビル8階
03-6240-0089
http://kasoyo.com/

着物乃塩田

自然に恵まれた広々とした空間が魅力的な呉服店。「洛風林」「美術工芸啓」「染めの市川」ほか、独自の世界観を持つ作り手の作品を置く。会報誌、楽しいイベント、東京での展示会も。
山梨県南アルプス市小笠原379
0120-509-529
http://shiota-shouten.co.jp/

シルクラブ・中野山田屋

着物や帯の販売、悉皆だけでなく、国内外の優れた染織品の展示会も開催。茶室や能舞台、カフェを備えた空間も素晴らしく、着付けや半衿付けのレッスンが定期的に開かれる。
東京都中野区沼袋2-30-4
03-3389-4301
http://silklab.com/

銀座むら田

六代目店主、村田あき子さんの着こなしを拝見するのもお店に伺う楽しみのひとつ。品のある着物と帯、更紗の古裂を使った小物なども。着る人を引き立てる名品が揃う銀座の老舗。
東京都中央区銀座6-7-7
03-3571-2077
http://www.ginzamurata.co.jp/

ドゥーブルメゾン

大森伃佑子さんがディレクションする、和洋の垣根を超えたブランド。レースやギンガムチェックの着物、モダンな浴衣、ファンタスティックな小物に大人もときめいて。
東京都新宿区赤城元町3-2
03-5946-8313
http://www.doublemaison.com/

THE YARD

洋服感覚で、きものをトータルに展開するブランド。無地感覚の紬、縞柄など初めての人でもコーディネートしやすい着物や帯を手ごろな価格で提供。モダンな小物のセレクトもおしゃれ。
東京都渋谷区神宮前3-36-26
03-5843-1063
http://the-yard.jp/

馬場呉服店（実店舗）
kimono gallery 晏（website）

綿着物に半幅帯といったカジュアルから本格フォーマルまで、幅広いセレクトは圧巻。センスのよいオリジナルの商品もある。東京と京都での催事も定期的に開催。
香川県高松市天神前8-23
087-833-3960
http://www.kimono-an.com/

あら船

創業100年を迎えた呉服店。こだわりの新品のほか、リサイクル品も豊富。月2回行われるワンコインの着付け教室は少人数制。掘り出し物が多く、遠方からもお客様が来られる。
東京都文京区本駒込4-39-2
03-3822-7529
http://www.arafunekimono.com/

きもの英

最高級ポリエステルで丹念に製作された、洗濯機で洗える着物の専門店。着心地も風合いも絹に劣らない。旅行、雨の日のお出かけ、水を使うお稽古などにも安心して着られる。
東京都新宿区神楽坂1-15
神楽坂1丁目ビル
03-3269-8723
https://www.kimonohanabusa.co.jp/

きもの青木

銀座の実店舗だけでなく、オンラインショップでも良質なものが揃い、その説明も丁寧。初心者の方には、HPの「これから着物をはじめる方へ」を一読されることをおすすめしたい。
東京都中央区銀座1-8-2
銀座プルミエビル1階
03-3564-7171
https://www.kimono-aoki.jp/

和工房あき

年2回開催されるリユース展では、社長自ら全国を飛び回り仕入れてくる反物や未着用の着物など、掘り出し物が出品される。価値のある伝統的工芸品も手ごろな価格で提供。
香川県高松市南新町11-7-1
087-831-1368
http://www.wakoubou-aki.com/

有職組紐　道明

創業360年、自社職人の手染め、手組みで組まれる帯締めは、その発色の美しさ、色合わせの妙、緩みのない締め心地で着物好きを魅了。今も組紐の歴史を丹念に研究し続ける。
東京都台東区上野2-11-1
03-3831-3773
http://www.kdomyo.com/

こまもの玖

帯揚げ、帯締め、バッグや草履など、きもの姿を仕上げる和装小物をメインに扱うショップ。お見立ても的確で、さまざまな着こなし、誂えの相談にものってもらえて心強い。
東京都港区南青山2-22-4
秀和南青山レジデンス103
03-6316-8691
https://www.komamono-9.com/

きねや

京都に行くと必ず立ち寄る和装小物店。東京ではあまり見かけない、京好みの色使いに心惹かれ、帯締めや帯揚げ、麻の足袋を調達することも。全国の百貨店での催しでも入手可能。
京都市中京区河原町通蛸薬師下ル
奈良屋町300番地
075-221-2782
http://www.kyoto-kineya.co.jp/

竺仙

江戸時代後期の創業で、江戸小紋や浴衣の老舗として知られる。注染や引き染の古典柄浴衣は、江戸の粋をいまに伝えてくれる。コーマ地、綿絽ほか生地のバリエーションも豊富。
東京都中央区日本橋小舟町2-3
03-5202-0991
http://www.chikusen.co.jp/

イトノサキ

洋服も和服も同じおしゃれの範疇として取り扱う感覚が素敵。日本の作り手の思いがこもった染織、着物用カーディガンや小物など、大人かわいいものが揃う。季節を楽しむ企画展も好評。
東京都港区南青山4-1-5
KFビル2階
03-6721-1358
http://itonosaki.tokyo/

たかはしきもの工房

「きものをやさしく、たのしく、おもしろく」をモットーに、気仙沼の自社工場で作られる画期的な下着や便利小物は、着る人の悩みやストレスを軽くしてくれる。
宮城県気仙沼市神山12-18
0226-23-1457
https://k-takahasi.com/

山崎陽子　yokoyamasaki

1959年福岡生まれ。マガジンハウスで雑誌『クロワッサン』『オリーブ』『anan』編集。その後、フリーランス。『クウネル』(マガジンハウス)『エクラ』(集英社)『つるとはな』創刊から編集、ライターとして参加。女性誌、ムック、書籍の編集、ライティングの仕事をしながら、洋服ブランド『yunahica』を立ち上げ。着物歴は5年ながら、インスタなどで定型ではない粋な着こなしが注目を集めている。@yhyamasaki

写真　森本美絵
山崎陽子（P60、106、117、119、124、137、139）
ヘアメイク　福沢京子
着付け　石山美津江
ブックデザイン　渡部浩美
DTP　高瀬美恵子（技術評論社）
編集　秋山絵美（技術評論社）

撮影協力
シルクラブ、ときわ食堂、シャモニー、久家靖秀、中川正子、荒木大甫、尾嶝太、佐伯敦子、黒田知永子、雅姫、大橋利枝子、上杉浩子

参考図書
『着物の事典』大久保信子監修（池田書店）
『着物まわりのお手入れ』高橋和江（河出書房新社）

きものが着《き》たくなったなら

2019年5月9日　初版　第1刷発行
2020年10月16日　初版　第4刷発行

著者　山崎陽子《やまさきようこ》
発行人　片岡巌
発行所　株式会社技術評論社
東京都新宿区市谷左内町21-13
電話　03-3513-6150　販売促進部
03-3513-6166　書籍編集部

印刷・製本　株式会社加藤文明社

ISBN978-4-297-10577-8　C2077
Printed in Japan